PRÉCIS D'HISTOIRE

DU DROIT FRANÇAIS

AIX, DE L'IMPRIMERIE ACHILLE MAKAIRE,
RUE PONT-MOREAU, 2. — 1861.

PRÉCIS D'HISTOIRE

DES SOURCES

DU DROIT FRANÇAIS

DEPUIS LES GAULOIS JUSQU'A NOS JOURS

OUVRAGE DESTINÉ AUX ÉTUDIANTS

PAR

R. DE FRESQUET

Professeur à la Faculté de Droit d'Aix, juge supt au trib. civil.

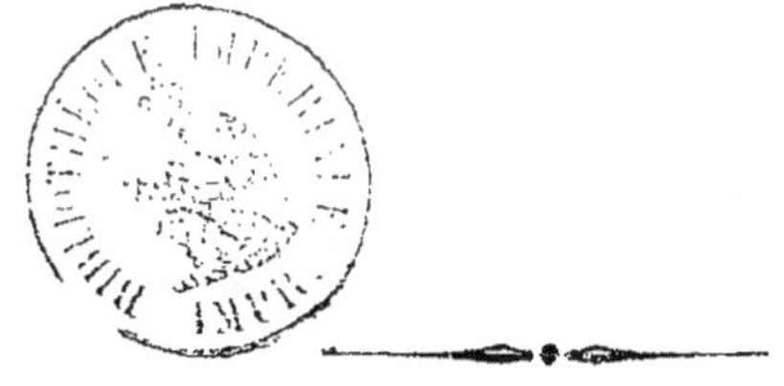

AIX

MAKAIRE, IMPRIMEUR-LIBRAIRE-ÉDITEUR

PARIS

DURAND	MARESCQ
RUE DES GRÈS, 5	RUE SOUFFLOT, 17

1861.

C.

A MONSIEUR DESCLOZEAUX,

RECTEUR DE L'ACADÉMIE D'AIX,

Commandeur de l'Ordre Impérial de la Légion d'Honneur.

Monsieur le Recteur,

Depuis que vous dirigez l'Académie d'Aix, vous avez toujours témoigné le plus vif intérêt aux Étudiants de notre Faculté de Droit. Je ne saurais donc mieux faire que de vous dédier ce Précis historique, qui leur est destiné.

Vous m'avez permis de mettre votre nom en tête de ces quelques pages, je vous en remercie. Heureux si ce travail peut être utile à nos élèves, et si vous ne le trouvez pas trop indigne de votre bienveillant patronage.

Veuillez agréer,

MONSIEUR LE RECTEUR,

l'assurance de mon respectueux dévouement.

R. DE FRESQUET.

Le Précis historique des sources du droit français, que nous publions aujourd'hui, est destiné aux Etudiants des Facultés de droit.

Notre but a été de leur faciliter les moyens de résumer rapidement des notions éparses un peu partout. Les jeunes gens, inscrits à nos cours, manquent du temps et de l'expérience nécessaires pour étudier sérieusement les sources du droit français. Il leur faudrait lire et analyser : de Savigny, Guizot, Thierry, Klimrath, Ortolan, Giraud, Laferrière, etc. Or, ce serait une tâche trop lourde pour la plupart des élèves, tant qu'ils n'ont pas achevé les études de la licence. La difficulté se présente surtout dans les Facultés où il n'y a pas de chaire d'histoire du droit. Aussi qu'arrive-t-il ? c'est qu'il est fort rare d'obtenir une réponse aux examens, quand on interroge les Etudiants sur l'histoire de nos codes. Souvent ils ne savent même pas que la France était, autrefois, divisée en pays de coutumes et de droit écrit, et il serait fort inutile de leur demander des explications sur les ordonnances royales, etc. Le professeur a bien commencé par donner sommairement ces notions préliminaires, mais elles sont oubliées depuis longtemps.

Cette ignorance est regrettable. Pour constater la marche, non interrompue, de l'esprit humain dans la voie du progrès, il faut connaître ce qui a existé dans les temps qui nous précèdent. Pour notre part, sans être *lauda-tores temporis acti,* sans croire aux perfections infinies dont l'imagination des poètes se plait à orner nos ancêtres, nous ne croyons pas que l'on doive laisser de côté tout ce qu'ils ont fait. Dans chaque branche des connaissances humaines, la génération qui finit lègue à la génération qui vient le résultat de ses travaux et de son expérience.

Tel est surtout le point de vue auquel doivent se placer les Étudiants quand ils suivent la série des institutions formant l'histoire des sources du droit. Encore une fois, nous avons voulu leur faciliter ce travail ; et si leur attention s'arrête un peu sur les notes que nous publions, ils y trouveront assez de renseignements, non pas pour devenir des savants, mais du moins pour ne pas ignorer tout à fait cette partie de l'histoire de France.

Nous ferons remarquer que nous avons eu soin d'indiquer, en note, les ouvrages spéciaux où l'on peut trouver le développement des notions résumées dans notre Précis.

PRÉCIS D'HISTOIRE EXTERNE

DU DROIT FRANÇAIS.

———◆◆◆◆◆———

Nous allons rechercher quels ont été, dans le cours des siècles, les principaux monuments de notre législation. Nous diviserons cet exposé historique en sept périodes :

1re *Période*. La Gaule avant la conquête Romaine.

2me *Période*. Depuis la conquête Romaine jusqu'à l'invasion des Barbares.

3me *Période*. Depuis l'invasion des Barbares jusqu'à l'établissement définitif de la féodalité.

4me *Période*. Depuis la féodalité jusqu'à la rédaction des coutumes.

5me *Période*. Depuis la rédaction des coutumes jusqu'en 1789.

6me *Période*. Depuis 1789 jusqu'à la révolution de 1848.

7me *Période*. Depuis 1848 jusqu'à nos jours.

PREMIÈRE PÉRIODE.

LA GAULE AVANT LA CONQUÊTE ROMAINE (1).

Il est bien difficile de donner des renseignements précis sur cette période. Les seuls détails qui présentent un caractère de certitude, nous ont été conservés par César dans ses Commentaires *De bello Gallico*, et dans la Géographie de Strabon, qui vécut jusque sous le règne de Tibère.

(1) A compléter par M. Laferrière. *Histoire du Droit Français*, tom. 2, p. 1 à 178.

Strabon dit, dans sa Géographie, liv. 4, chap. 1, § 1, que la Gaule était divisée entre trois peuples : 1° les Aquitains qui occupaient la partie s'étendant des Pyrennées à la Garonne ; 2° les Celtes qui habitaient les pays compris entre la Garonne et la Seine ; 3° les Belges, peuples établis entre la Seine et le Rhin.

Il faut ajouter dans le midi une colonie fondée par les Phocéens, d'Ionie, Marseille, qui avait conservé une organisation toute orientale, et qui n'avait avec ses voisins que des rapports commerciaux ou guerriers.

D'après César, tous les peuples de la Gaule étaient divisés en clans ou tribus, variant : *moribus, linguâ, institutis, legibus.* Il ne faut point cependant prendre ces expressions dans un sens trop absolu ; il y avait dans la législation de ces peuples des caractères frappants de ressemblance, surtout dans l'organisation de la famille et de la propriété : ressemblance qui était due à leur commune origine et à l'unité de leur religion. Ceci est facile à comprendre lorsque l'on examine la part immense qu'avait la théocratie dans le gouvernement des tribus gauloises. La nation était divisée en trois classes : 1° le peuple, composé presque tout entier de clients , n'ayant aucuns droits politiques et que César range à peu près dans la classe des esclaves. « Nam plebs penè « servorum habetur loco, quæ per se nihil audet « et nulli adhibetur consilio. » (*Comm*. liv. 6 , chap. 13). 2• La noblesse , formant une aristocratie militaire. 3° Les Druides, vaste association religieuse , toute puissante par l'excommunication. « Si quis aut privatus aut publicus, eorum « decreto non stetit , sacrificiis interdicunt. Hæc « pœna apud eos est gravissima. » (César, eod.) Leur autorité s'étendait sur tout le pays ; ils avaient exclusivement la mission de conserver la loi, de l'interpréter et de l'appliquer.

Par un motif peut-être religieux, mais surtout politique, les Druides n'écrivaient jamais les lois. Ils comprenaient, comme l'avaient fait les patriciens de Rome jusqu'à l'indiscrétion de Cnœus Flavius, que leur puissance reposait sur le besoin qu'on avait de leur science ; aussi imposaient-ils à tous les membres de leurs colléges l'obligation d'apprendre les lois par cœur. De là vient l'impossibilité où nous sommes de juger, en connais sance de cause, la législation gauloise. Les Druides ont emporté leur secret avec eux. Cependant les écrivains anciens nous ont conservé, en assez grand nombre , des traits saillants du caractère gaulois, pour que nous évitions de les confondre avec les Germains, comme l'ont fait quelques auteurs. Enfin des historiens prétendent que l'on peut retrouver des traces du droit celtique dans les lois du pays de Galles, recueillies au 10e siècle par le roi Hoël-le-Bon , et dans la très-ancienne coutume de Bretagne.

Pour résumer ce qu'on sait des monuments législatifs des Gaulois , on peut dire qu'ils consistaient en *coutumes*, variant de peuple à peuple, en *lois* votées dans des assemblées composées des Druides et des nobles. Il y avait cependant quelques cités où le peuple était admis à l'assemblée générale.

On voit que tout cela est bien vague comme histoire de la législation.

DEUXIÈME PÉRIODE.

DEPUIS LA CONQUÊTE ROMAINE JUSQU'A L'INVASION DES BARBARES.

On sait comment les Romains, après avoir fait leur première apparition dans les Gaules, sous prétexte de défendre Marseille, leur alliée, y furent ensuite rappelés pour conserver la colonie qu'ils avaient fondée à Aix (Aquæ-Sextiæ), et le territoire qui porta le nom de Provincia, quand il fut augmenté par suite des guerres contre les Allobroges, les Arvernes et les Tectosages. On connaît aussi la grande lutte de César et des Gaulois, à la suite de laquelle tout notre pays fut incorporé à l'empire romain. Ce sont des détails sur lesquels nous n'avons pas à insister, mais nous devons nous demander quelle fut l'influence de la conquête, sur le droit positif des Gaulois.

Il faut distinguer : l'administration *générale* devint tout-à-fait romaine : division territoriale et militaire , fixation et perception des impôts , travaux publics, tout cela fut plus ou moins rapidement règlementé par des lois venues de Rome. On a eu raison de dire, en ce sens, que la conquête avait complètement dénationalisé les Gaulois. Mais quant aux institutions *locales*, et quant au droit privé , les Romains les respectèrent en grande partie ; c'était du reste la politique du sénat vis-à-vis de tous les peuples vaincus, et de là cette division des sujets de l'empire en *cives*, *latini*, *peregrini*, cette dernière expression servant surtout à désigner les peuples qui avaient conservé leur droit privé. Nous en trouvons une démonstration curieuse dans un fragment de Dosithée, de manumissionibus, § 12. « Peregrinus « manumittens servum non potest ad latinum « perducere..... Prætor non permittet manu- « missum servire, nisi aliter *lege peregrina caveatur*. » Voilà une reconnaissance bien explicite du droit des vaincus.

Il faut conclure de cela que les anciennes lois civiles restèrent en vigueur chez les Gaulois, surtout tant que le druidisme fut respecté; mais lorsqu'il fut persécuté, que ses ministres se retirèrent dans les forêts de la Bretagne, les traditions durent s'affaiblir. D'ailleurs, la domination romaine se prolongeant, les peuples vaincus tendaient de plus en plus à prendre aux vainqueurs leurs lois, dont le rationalisme était conforme au développement de la civilisation. Cependant Ulpien dit encore au Digeste f. 11. pr. de legatis, 3° liv. 32, que les fidéicommis peuvent être faits *linguâ gallicana*; au cinquième siècle, Sidoine Appollinaire disait que les Arvernes venaient à peine de dépouiller la rudesse de leur langage celtique; or, c'est un fait aujourd'hui incontestable, et dont on a la preuve dans la Basse-Bretagne, qu'il y a une concordance constante entre la conservation des anciens usages et de l'ancien langage d'un pays.

Il faut donc admettre que pendant les cinq siècles de la domination romaine dans les Gaules, les coutumes nationales se sont en partie conservées, sans qu'on puisse bien dire, au juste, ce qu'elles étaient comme corps de droit positif.

On peut encore ajouter, pour confirmer cette opinion, la division qui avait été établie, depuis Auguste, entre les cités gauloises.

Les unes furent déclarées *libres* et *alliées*; elles conservèrent même au point de vue politique leurs lois, leurs usages, leurs magistratures et leur sénat aristocratique. Parmi elles on peu citer Bourges et Tréves.

Une seconde classe est composée des villes du Midi, de la Narbonnaise et de l'Aquitaine ; là, l'organisation romaine domina ; l'administration fut calquée en grande partie sur celle de la métropole, et c'est aussi dans cette région que nous verrons le droit romain se perpétuer sous le nom de droit écrit.

Enfin, dans une troisième catégorie, nous retrouvons les cités qu'on peut appeler réellement Gallo-Romaines, dans lesquelles le régime intérieur de l'organisation municipale est modifié par la présence du magistrat gouvernant au nom des vainqueurs.

L'édit de Caracalla (an 212 après J.-C.), qui déclara citoyens Romains tous les habitants de l'empire, pour soumettre leurs successions au droit de mutation au profit du fisc, ne fit pas dominer exclusivement la loi romaine, mais il lui donna une plus grande force de tendance. Nous devons donc examiner quelles étaient, au moment de la conquête des Barbares, les sources du droit positif appliqué dans la Gaule, à côté des coutumes locales.

Ici nous ne sommes plus réduits à des conjectures , nous avons des monuments qui existent encore, du moins en partie. Au cinquième siècle les principales sources du droit romain dans les Gaules, étaient :

1° Les écrits des jurisconsultes indiqués dans la constitution de Valentinien III, connue sous le nom d'édit des citations.

2° Les constitutions contenues dans les codes Grégorien et Hermogénien.

3° Le code Théodosien.

4° Des novelles particulières, servant de complément à ce code.

1° Édit des citations. (An 426 ap. J.-C.)

Au moment où régnait Valentinien III , les sources du droit romain comprenaient scientifiquement : la loi des douze tables , les édits des préteurs , les décisions du peuple , les sénatus-consultes, les écrits des jurisconsultes, et enfin les constitutions impériales. En réalité, on n'appliquait que les constitutions et les écrits des jurisconsultes, ce qui n'empêchait pas de tomber souvent dans des difficultés inextricables par suite des opinions contraires que l'on rencontrait. Pour faire cesser cet inconvénient, Valentinien III et Théodose II, donnèrent force de loi aux écrits de cinq jurisconsultes : Gaïus, Papinien, Paul, Ulpien et Modestin, à l'exception toutefois des notes d'Ulpien et de Paul sur Papinien. Les autres écrivains n'eurent cette autorité législative, que pour les passages qui avaient été insérés dans les ouvrages des cinq auteurs énoncés dans la constitution.

Quand une difficulté se présentait, le juge devait compter les avis ; la majorité faisait loi. En cas de partage, Papinien avait voix prépondérante ; s'il ne s'était pas prononcé et qu'il y eût deux avis pour, deux avis contre, le juge prenait l'opinion qui lui paraissait la plus équitable.

Cette loi, qui accuse un profond abaissement dans la science juridique, ne nous est connue que par un texte incomplet. (V. au code Théodosien, liv. 1, tit. 4, loi 3 de Responsis).

2° Les Codes Grégorien et Hermogénien.

Ces deux ouvrages, ainsi nommés du nom de leurs auteurs Grégoire et Hermogène, sont des collections de constitutions impériales, faites pour les besoins de la pratique.

Il paraît que déjà auparavant (an 170 ap. J.-C.), un jurisconsulte, Papirius Justus, avait réuni en vingt livres la substance des actes des empereurs Lucius Verus et Marc Aurèle ; que Dosithée (an 222 ap. J.-C.), avait traduit en grec les constitutions d'Hadrien ; que Paul avait fait un recueil de rescripts impériaux, et qu'Ulpien avait rassemblé dans son septième livre *De officio proconsulis*, tous les édits contre les Chrétiens. On ne sait pas si ces diverses compilations avaient été adoptées dans les Gaules, mais la question ne peut pas s'élever à l'occasion des codes Grégorien et Hermogénien, car on s'en est servi pour composer le bréviaire d'Alaric, dont nous parlerons bientôt.

On pense que le code Grégorien a dû être composé vers l'an 296 après J.-C., et qu'il contenait des constitutions impériales depuis Hadrien jusqu'aux années qui ont précédé l'avènement de Constantin.

Nous n'avons plus que des fragments de 14 livres de ce Code ; ils forment 34 titres dont plusieurs ne contiennent qu'une seule loi. (V. l'édition du code Théodosien par G. Haënel).

Le code Hermogénien aurait été composé vers l'an 365 après J.-C. , pour compléter l'ouvrage précédent, en y ajoutant les constitutions de Constantin et de son successeur.

Dans l'édition du code Théodosien d'Haënel on trouve l'intitulé de 18 titres du code Hermogénien, mais elle ne contient en tout que 27 constitutions.

Quelques auteurs ont voulu soutenir , autrefois , que les codes Grégorien et Hermogénien avaient reçu force obligatoire ; mais tout le monde reconnaît, aujourd'hui, qu'il ne faut y voir que des collections émanées de simples particuliers. Cette opinion est surtout confirmée par la loi 1re au bréviaire d'Alaric, liv. 1, tit. 4, *De responsis prudentum* , passage dans lequel on met sur la même ligne Gaïus, Papinien, Grégoire et Hermogène.

3°—4° Le code Théodosien et les Novelles.

Le code Théodosien promulgué d'abord par Théodose II pour l'Orient, avait été ensuite adopté pour l'Occident par Valentinien III.

Cet ouvrage fut rédigé, dit-on, par ordre de la princesse Pulchérie , sœur de l'empereur Théodose.

Les matériaux furent réunis par une commission de huit jurisconsultes, ayant à leur tête un président nommé Antiochus. Les rédacteurs mirent neuf ans à terminer leur travail, qui fut publié en l'an 438 après J.-C.

Le code Théodosien est composé de constitutions impériales depuis Constantin jusqu'au règne de Théodose II. Il embrasse une période de 126 ans , pendant laquelle seize empereurs s'étaient succédés sur le trône. L'ouvrage est divisé en seize livres ; les dix derniers sont moins mutilés que les six premiers. Depuis longtemps on cherche vainement un manuscrit complet ; cependant on a pu rétablir un certain nombre de constitutions grâce à des découvertes qui ont été faites dans le commencement du XIXe siècle.

En 1824 il parut deux ouvrages fort importants pour le code Théodosien , l'un publié par
M. Peyron, bibliothécaire de Turin , et intitulé :
« Codicis Theodosiani fragmenta inedita ex co-
« dice Palimpsesto Bibliothecæ R. Taurinensis
« Athenaei , in lucem protulit atque illustravit
« Amedeus Peyron, linguarum Orientalium pro-
« fessor. » L'autre publié peu après par M. Clo-
sius de Tubingue , porte ce titre : « Theodosiani
« codicis genuini fragmenta , ex membranis bi-
« bliothecæ Ambrosianæ Mediolanensis nunc pri-
« mum edidit Waltherus Fridericus Clossius ju-
« ris Professor publicus ordinarius, in regia uni-
« versitate Tubingensi. » Dans la préface de l'é-
dition, qu'il a donnée du code Théodosien, Gust.
Haënel s'exprime ainsi : « En calculant ce que
« notre siècle a ajouté de découvertes au code
« Théodosien, on trouve 17 titres et 179 consti-
« tutions , sans compter les gesta senatus urbi
« Romæ. Dans ce nombre, 154 sont dues à Clos-
« sius et à Peyron, déduction faite de dix cons-
« titutions qui leur sont communes. (L'ouvrage
« de M. Peyron contient 85 constitutions, et celui
« de M. Clossius 79). 3 à moi , 22 à Vesme.

« 102 appartiennent au 1er livre, 12 au se-
« cond, etc. etc. (add. *Thémis*, tom. 4, pag.
411 et 489).

C'est surtout sous le point de vue du droit public et du droit ecclésiastique que le code Théodosien est précieux pour la science. Deux choses
viennent encore augmenter sa valeur : la première, c'est l'ordre donné aux rédacteurs de conserver scrupuleusement le texte original des constitutions ; la seconde, c'est l'inimitable commentaire dont l'a enrichi, au dix – septième siècle,
Jacques Godefroy, savant d'Heidelberg ; Godefroy consacra trente ans à ce travail immense et
mourut avant d'avoir pu le faire imprimer. La
première édition parut à Lyon en 1665, par les
soins d'Antoine Merville, professeur en droit à
Valence.

Notons enfin qu'on suivait dans les Gaules certaines constitutions connues sous le nom de Novelles. Ce qui le démontre, c'est l'introduction
dans le bréviaire d'Alaric de novelles de Théodose, Valentinien, Martien, Majorien Sévère et
Anthémius.

Ainsi, en résumé, au cinquième siècle les sources du droit positif dans les Gaules étaient : les coutumes nationales et diverses lois romaines. Nous allons voir de nombreux éléments s'ajouter à ceux que nous avons déjà signalés.

TROISIÈME PÉRIODE.

DEPUIS LES INVASIONS DES BARBARES , JUSQU'A L'ÉTABLISSEMENT DÉFINITIF DE LA FÉODALITÉ.

Nous n'avons point à rappeler ici les péripéties de l'invasion des races Germaniques dans l'empire Romain et notamment dans les Gaules. On sait que déjà pendant le troisième et le quatrième siècles de l'ère chrétienne, les empereurs Gordien et Julien l'Apostat avaient concédé une certaine étendue de territoire à des Francs Saliens et Ripuaires, en leur imposant la charge de défendre l'empire contre les agressions des autres Barbares.

Ces nouveaux alliés étaient appelés *Lœli (Létes)*, dénomination qui rappelait leur origine.

Au cinquième siècle, depuis l'an 413 jusqu'en l'an 456, les Burgundes, entrés dans les Gaules à la suite des Alains et des Vandales, vinrent se fixer dans l'Est de notre pays. Ils occupèrent la province de Bourgogne, qui a conservé leur nom, et le Lyonnais , où ils établirent le siége de leur empire.

En l'an 419 après J.-C. les Wisigoths vinrent occuper le midi de la Gaule , qui leur avait été cédé par Honorius, et ils choisirent Toulouse pour leur capitale.

Les Gallo – Romains eurent à souffrir de cette nouvelle domination.

Les Bourguignons prirent aux vaincus la moitié des cours et jardins, le tiers des esclaves, les deux tiers des terres labourées ; les forêts restèrent en commun. (V. Walter, *Corpus juris Germanici antiqui*, tom. 1, p. 332).

Les Wisigoths se contentèrent des deux tiers des terres cultivées sans toucher à la propriété mobilière. (Walter, tom. 1, p. 618).

Mais ce qui est bien remarquable , c'est que

chez ces deux peuples, il y eut respect absolu pour la loi des vaincus. Loin de chercher à effacer les institutions romaines, ils en rassemblèrent, en un corps unique, les monuments épars pour les rendre plus pratiques et plus vulgaires. Comme on l'a dit souvent, les Barbares furent frappés de respect en présence de cette civilisation si supérieure à la leur, et ils contribuèrent à en conserver les lois en attendant qu'ils fussent amenés, par la force des choses, à les prendre aux vaincus comme ils avaient pris leur religion.

Chapitre premier.

LOIS DES BOURGUIGNONS.

Le droit positif chez les Bourguignons est composé de deux monuments distincts, par suite de l'application du principe de la personnalité des lois, principe sur lequel nous reviendrons. On voulait : « *Inter Romanos causas Romanis legi-* « *bus terminari... qui formam et expositionem*

« *legum conscriptam*, qualiter judicent, se nove-
« rint accepturus, ut per ignorantiam se nullus
« excuset. » (Préface de la loi des Bourguignons,
Walter, 1, p. 303). Par contre, entre les Bourguignons, on appliquait la loi nationale; de là
deux recueils spéciaux.

A. LEX BURGUNDIORUM. (On la trouve dans
Walter, tom. 1, p. 304 à 350, et dans Canciani :
Barbarorum leges antiquæ, tom. 4 p. 11 à 44).
Cette loi est ordinairement appelée loi Gombette, du nom du roi Gondebald, auquel on
en attribue la publication qu'il fit, après avoir
pris l'avis des comtes et seigneurs. Suivant certains auteurs, elle fut faite à Lyon en 467
ou 468; d'autres la placent à une époque pos-
térieure, vers l'an 506. (V. de Savigny, *Histoire du Droit romain au moyen-âge* (1), tom.
2, pag. 2). Elle se compose d'un assez grand
nombre de décisions empruntées à la loi romaine et des coutumes bourguignonnes. Cette

(1) Nous citons M. de Savigny, en nous servant de la
traduction française de M. C. Guenoux. Durand. Paris,
1839.

introduction du droit romain dans la législation barbare est venue des rapports établis par le partage des terres entre les habitants du pays et les conquérants ; les nouveaux propriétaires du sol ont suivi en partie les lois qui le régissaient antérieurement.

Le nom de loi Gombette pourrait amener à croire qu'elle eut Gondebald pour seul auteur , mais il faut remarquer que la première partie est seule due à ce roi. La suite, à partir du titre 89, se compose de deux *additamenta* qui ont été , comme les premières lois, arrêtés dans l'assemblée des comtes, d'abord sous le roi Sigismond , vers l'an 517 après J.-C. , et puis sous le règne de Godemard, dernier roi Bourguignon, qui occupa le trône de l'an 523 à l'an 534 après J.-C.

La loi Gombette a un caractère tout spécial entre les lois barbares ; on voit qu'elle émane d'un pouvoir régulier établi dans un but d'ordre public. Bien que les dispositions pénales soient encore les plus nombreuses, on y trouve cependant une certaine quantité de lois destinées à réglementer les rapports de famille et de propriété. (V. surtout les titres 3. 14. 15. 21. 22. 34. 39. 40 etc.).

Ce qui est surtout remarquable , c'est que sous plusieurs points de vue les Romains et les Bourguignons sont traités sur un pied d'égalité complète. « Idcirco jubemus ut *si quis tam Burgun-* « *dio, quam Romanus ingenuus,* actorem pos- « sessionis nostræ… occiderit, centum quinqua- « genta solidos cogatur inferre. » legis Burgundiorum, tit. 50, cap. 1. Walter, tom. 1, p. 328). Adde, tit. 10, cap. 1, « Burgundio et Romanus « una conditione teneantur. » (V. tit. 4. 8. 9. 13 etc.). Aussi un chroniqueur parlant de la tranquillité dont jouissait la Bourgogne , au milieu des troubles qui agitaient les Gaules , disait que cela était dû plutôt à la sagesse de la loi qu'à la force des armes. Gondebald lui-même proclamait que ses lois étaient plus douces , pour que ses sujets n'opprimassent pas les Romains.

Dans la loi bourguignonne le roi n'apparaît pas seulement comme le *primus inter pares* , c'est un pouvoir consolidé ; mais d'un autre côté l'église est peu favorisée , parce que les rois Bourguignons étaient Ariens. C'est là ce qui explique la haine du clergé contre cette loi et son insistance pour la faire abroger par les rois Francs ;

elle dura cependant jusques après Charlemagne. Agobard , qui vivait au neuvième siècle , sous Louis – le – Débonnaire , demandait encore son abrogation.

Sur l'influence du droit romain dans la loi Gombette, voir Savigny, *Histoire du Droit romain au moyen-âge*, tom. 2, p. 4.

A côté de la loi des vainqueurs, nous trouvons la loi des Gallo-Romains, dont la rédaction suivit de près celle de la loi Gombette : c'était la réalisation de la promesse que nous avons citée plus haut.

B. Le Papien. (Lex Romana Burgundiorum). L'étymologie du nom de ce recueil se trouve dans une erreur assez curieuse. A la suite du bréviaire d'Alaric , plusieurs manuscrits contenaient la loi romaine des Bourguignons , sans aucun titre pour les séparer ; on s'aperçut bien qu'il y avait là deux ouvrages différents et l'on crut que le second commençait avec l'intitulé d'un petit fragment de Papinien, ainsi écrit par contraction : Papiani. *Responsorum*, lib. 1. M. de Savigny attribuait cette méprise à Cujas , mais d'autres auteurs ont établi que déjà au neuvième siècle on trouvait cet intitulé dans certains manuscrits. (V. Ginouilhac, *Revue historique*, tom. 2, p. 539).

Quoiqu'il en soit tout le monde est unanime aujourd'hui pour voir dans le Papien, la *Lex Romana Burgundiorum* ; le fragment qui a servi de base au nom donné appartient au bréviaire d'Alaric, et Cujas ne s'y est pas trompé dans la deuxième édition du Papien qu'il fit paraître en 1586, car il retrancha ce passage, qui n'est du reste composé que de deux ou trois lignes.

On n'est pas d'accord sur l'époque de la rédaction du Papien. M. de Savigny pense qu'il faut la placer entre l'an 517 et 534, donc après la publication de la loi des Bourguignons ; d'autres auteurs, comme MM. Gaup et Haënel, pensent que la loi destinée aux Gallo-Romains est antérieure à la loi des vainqueurs et à l'année 502. M. Ginouilhac, dans l'article que nous avons cité plus haut, croit qu'il y a eu une première rédaction suivie d'une révision en l'an 517.

Ce qui est remarquable c'est que les titres de la loi des Bourguignons et du Papien, se correspondent assez exactement. **M.** de Savigny, dans son *Histoire du droit romain au moyen-âge*, tom. 2, p. 9, donne le tableau comparatif de tous les intitulés. Voici les quatre premiers.

Lex Burgundiorum. *(Ed. Canciani.)*	Papiani Responsa. *(Ed. Amadutii.)*
Tit.	Tit.
1. De libertate donandi patribus atributa, et muneribus regiis.	1. De patris vel matris donatione et munificentia dominorum.
2. De homicidiis.	2. De homicidiis tam ingenuis quam servis.
3. De libertatibus servorum nostrorum.	3. De libertatibus.
4. De sollicitationibus et furtis.	4. De sollicitationibus et furtis.

Il résulte de là que le plan suivi a été le même pour les deux lois.

Les sources qui ont servi à la composition du Papien, tel que nous l'avons aujourd'hui, sont : le code Théodorien, des novelles des empereurs, les institutes de Gaïus, les sentences de Paul, les codes Grégorien et Hermogénien, enfin le bréviaire d'Alaric.

Bien que le Papien ne soit pas remarquable comme rédaction, il ne doit pas être négligé. Voici comment s'exprime **M.** Ginoulhiac à ce sujet:

« On comprend qu'avec des différences aussi con-
« sidérables ces recueils n'aient pas tous la même
« importance , au moins au point de vue de la
« conservation des sources du droit romain. Sous
« ce rapport, la loi romaine des Wisigoths, qui
« embrasse toutes les sources , et qui en les re-
« produisant a conservé une grande partie de
« leurs textes, l'emporte sur tous les autres; mais
« ces derniers, le Papien surtout, ne doivent pas
« être négligés, car ils ont conservé souvent des
« parties (constitutions ou fragments de traités)
« retranchées du bréviaire d'Alaric. D'ailleurs, à
« un autre point de vue , ces recueils ont tous
« pour nous une très-grande importance, en ce
« qu'ils nous font connaître le droit en vigueur à
« l'époque et dans les lieux où ils furent compo-
« sés ; ils nous révèlent , non pas le droit ro-
« main proprement dit, mais le droit des Romains
« de l'empire d'Occident : droit nécessairement
« semblable en bien des points , mais différent
« aussi en plusieurs dans les divers Etats germa-
« niques. » (Ginoulhiac, *Revue historique*, tom.
2, pag. 533).

Chapitre deuxième.

LOIS DES WISIGOTHS.

—

Nous retrouvons encore ici deux recueils, l'un pour les Wisigoths, l'autre pour les Gallo-Romains.

A. LEX WISIGOTHORUM. (On la trouve dans Walter, tom. 1, pag. 4 et suiv. — Dans Canciani, tom. 4, pag. 62 et suiv.).

Nous avons vu que chez les Bourguignons la rédaction de la loi des vainqueurs précéda celle des Gallo-Romains ; il n'en fut pas de même chez les Wisigoths, ou du moins nous n'avons rien de certain sur ce point. Des auteurs (V. Savigny , *Histoire du droit romain au moyen âge* , tom. 2, pag. 42), disent que la loi wisigothe commença à être mise en ordre sous le roi Euric (an 466 à 484 après J.-C.), et que la dernière partie fut publiée pendant le règne d'Egica, qui mourut à Tolède en 710 après J.-C. Dans cet intervalle de temps , de nombreux changements politiques avaient eu lieu ; à l'époque d'Euric , les Wisigoths étaient maîtres du midi de la Gaule , mais les Francs les refoulèrent peu à peu en Espagne. Déjà Clovis leur avait enlevé une grande partie de leurs possessions ; ils n'avaient conservé que l'ancienne Septimanie, qui prit le nom de Gothie, jusqu'au moment où elle fut réunie à la monarchie française par Pepin-le-Bref. Les Goths avaient stipulé alors qu'ils conserveraient leurs lois et leurs coutumes paternelles.

La loi wisigothe n'a jamais eu une grande influence sur notre histoire législative ; cependant elle a été appliquée comme loi personnelle jusqu'au 9e siècle. (V. Præcepta Ludovici - Pii et Karoli Calvi. Canciani, tom. 4, pag. 204 , 206, 208).

La loi des Wisigoths a 12 livres , 54 titres et 595 articles ou lois. On y trouve réunies les diverses branches du droit public et privé ; on y remarque souvent, dans la rédaction , une tendance à l'éloquence et à la philosophie. Dans les premières lois wisigothes *(antiqua)*, l'élément germanique dominait, mais dans les révisions qui suivirent, les principes du droit romain furent mêlés au droit national, ce qui produisit souvent des dispositions assez incohérentes ; ainsi à côté de la torture empruntée à la procédure romaine, on trouve l'ordalie par l'eau bouillante qui venait des peuplades germaniques. (V. loi des Wisigoths , liv. 6, tit. 1, C. 2 et 3. Walter, tom. 1, pag. 537, 538). Pour tout ce qui touche le droit romain , les auteurs de la loi ont surtout consulté le bréviaire d'Alaric.

B. LEX ROMANA WISIGOTHORUM. (Bréviaire d'Alaric).

La loi romaine des Wisigoths a une très-grande importance pour l'histoire du droit, car elle remplaça longtemps dans les Gaules toutes les autres sources du droit romain. « Ce recueil, dit M. de « Savigny (tom. 2, pag. 36) , a pour nous une « valeur inappréciable à cause des sources si im- « portantes dont il est l'unique dépositaire, telles « que Paul et les cinq premiers livres du code « Théodosien. » Il fut rédigé en l'an 506 après J.-C. (22e année du règne d'Alaric II) , dans la ville d'Aire en Gascogne ; c'est là qu'il fut soumis à l'approbation d'une réunion d'évêques et de comtes.

On ignore complètement le nom des rédacteurs qui travaillaient sans doute sous la direction du comte Gojaric , dont on parle dans le commonitorium servant de préambule à plusieurs manuscrits. (V. Savigny, tom. 2, pag. 25). Quant à Anianus, *vir spectabilis*, dont il est fait mention à la fin du commonitorium, c'était probablement le référendaire chargé de donner l'authenticité à chaque copie, par la déclaration *(recognovimus)* écrite de sa main.

Jusqu'au 16ᵉ siècle ce recueil a été appelé *Lex Romana*, depuis cette époque , on lui a surtout donné le nom de *Bréviaire d'Alaric*.

La lex romana se compose de deux sortes d'é–léments : 1° de constitutions déjà en vigueur depuis long--temps ; 2° de passages empruntés à des jurisconsultes. Chaque fragment est accompagné d'une interprétation qui a pour objet de rendre plus facile l'intelligence du texte et qui, quelquefois, en change la disposition , ce qui donne à ces additions, une grande valeur historique et législative. Il faut remarquer que les di–

vers matériaux, au lieu d'être confondus comme dans le Papien, sont distincts et séparés ; dans tous les manuscrits l'ordre est le même.

1° Le code Théodosien (16 livres) ;

2° Des novelles de Théodose, Valentinien, Marcien, Majorien, Sévère ;

3° Les institutes de Gaïus (ramenées à deux livres au lieu de quatre, et formant une paraphrase toute différente du texte original ; c'est ce qui explique pourquoi on ne trouve pas d'interprétations dans cette partie du Bréviaire) ;

4° Cinq livres des sentences de Paul ;

5° Treize titres du code Grégorien ;

6° Deux titres du code Hermogénien ;

7° Un fragment fort court intitulé : *Papiani, lib. 1. Responsorum*. Il est probable que ce passage a été écourté par les copistes.

Les rédacteurs du Breviarium ont en général transcrit exactement les textes, sauf un certain nombre d'abréviations. Quant à Gaïus, il a été entièrement défiguré par le jurisconsulte chargé de le reproduire.

On s'est demandé si le Breviarium était destiné à tous les sujets d'Alaric, vainqueurs et vaincus, ou bien s'il était rédigé seulement pour les Gallo-Romains ? La première opinion s'appuie sur ce passage du Commonitorium : « Providere ergo « te convenit, ut in foro tuo *nulla alia lex*, « neque juris formula proferri vel recipi præsu- « matur.... Hanc vero præceptionem directis li- « bris jussimus cohærere ut universos ordinatio- « nis nostræ et disciplina teneat et pœna cons- « tringat. » Toutefois ce caractère exclusif semble difficile à admettre en présence de la rédaction des lois wisigothes, commencée en 466 ap. J.-C., et surtout en présence de l'exclusion du droit romain au septième siècle, quand les Wisigoths furent repoussés au-delà des Pyrennées : « Nolu- « mus sive Romanis legibus, sive alienis insti- « tutionibus amodo amplius vexari. » (Lex Wisigoth. liv. 2, tit. 1, ch. 9). Si Alaric avait voulu faire du Breviarium la loi nationale, les lois d'Euric ne se seraient pas conservées.

Chapitre troisième,

LOIS DES FRANCS.

—

Nous avons déjà dit que des Francs avaient été admis dans les Gaules comme Lœti, par les empereurs Romains ; au cinquième siècle leurs bandes s'étaient établies à Tournay , et déjà le nom de Franc remplissait de terreur les populations gauloises.

C'est de Tournay que partit Clovis pour aller conquérir, sur Syagrius, la partie de la Gaule qui appartenait encore nominalement aux Romains , pour s'emparer ensuite d'une partie du royaume Wisigoth , et enfin pour soumettre les Bourguignons à un tribut. Nous ne suivrons ni Clovis , ni ses successeurs dans leurs conquêtes et leurs ravages ; nous nous occupons seulement du point de vue législatif.

Comme les autres Barbares, les Francs avaient leurs lois coutumières qui, une fois rédigées, portèrent le nom de loi salique et de loi ripuaire.

A. Loi Salique. (Elle se trouve dans Canciani, tom. 2, pag. 9, et dans Walter, tom. 1, pag. 1).

Les historiens ne sont pas d'accord sur l'époque à laquelle fut rédigée la loi salique. Suivant les uns la rédaction a eu lieu sur la rive droite du Rhin, longtemps avant la conquête, et de plus elle était en langue franque. Toutes les dispositions contraires à ce système, que l'on trouve dans les manuscrits qui nous restent , ont été introduites par des révisions postérieures. Suivant un autre système, la loi salique a été rédigée sur la rive gauche du Rhin , en Belgique ou dans les Gaules ; la rédaction primitive a été faite, comme pour les autres lois barbares, en langue romaine, parce que la langue franque n'a commencé à être une langue écrite qu'à partir de Charlemagne.

Ce qui a fait naître cette discussion , c'est que l'on a deux textes de la loi salique, l'un purement latin, l'autre dans lequel le texte latin est entremêlé de mots germaniques, de gloses en langue franque (1). (V. dans Walter, tom. 1, pag. 101).

(1) On appelle ces notes : notes Malbergiques.

En Allemagne , on regarde l'édition avec la glose comme la plus ancienne ; on argumente de ce que les manuscrits qui la contiennent, portent ordinairement l'intitulé de : *Lex Salica antiqua, antiquissima , vetustior ;* tandis que les autres ont comme titre les mots de : *Lex Salica recentior, emendata , reformata.* On ajoute comme preuve plusieurs préfaces, où l'on raconte en quelque sorte l'histoire de la loi salique. Ainsi, dans la préface de l'édition de Lindenbrog , on lit : « Electis de pluribus viris, quatuor his nomini- « bus, Wisogastus , Bodogastus, Sologastus , et « Widogastus, in locis cognominatis Solehaim , « Bodohaim, Widohaim, qui per tres mallos, etc.» (V. Walter, tom. 1, pag. 1, et en regard le texte de l'édition d'Hérold).

Mais cette préface, loin de convaincre la critique moderne, l'a mise en garde contre les conclusions qu'on pourrait en tirer, car une partie est textuellement copiée , pour ce qui concerne les lois en général, dans les origines d'Isidore de Séville, qui vivait au septième siècle. D'ailleurs les préfaces varient dans chaque manuscrit; elles ne sont ordinairement que des morceaux oratoires , mis en tête de la loi par les moines copistes, désireux de montrer ainsi qu'ils étaient capables d'autre chose que d'une opération mécanique. On objecte encore que ni Grégoire de Tours (an 539 à 593), ni Frédégaire son continuateur (mort en 660), ne parlent de cette rédaction antérieure à la conquête.

Passant ensuite à des preuves plus directes, on remarque que dans le texte purement latin et dans le texte avec les notes malbergiques, il y a un titre intitulé : de *Chrenechruda*; on y parle du meurtrier qui ne pouvait pas payer la composition pécuniaire, le werhgeld. Il prenait de la poussière dans les quatre coins de sa maison et la jetait dans le sein de ses plus proches parents. Le texte purement latin suppose cette institution encore en pleine vigueur ; le texte glosé la présente au contraire comme n'étant plus en usage. (Conf. Walter, tom. 1, pag. 82 et 152). Dans le texte non glosé, de corporibus expoliatis, la peine est fixée sans observations ; dans le texte avec les notes malbergiques, on lit : *Et antiqua lege* si corpus jam sepultum exfodierit. (Walter, tom. 1, p. 77), ce qui indique qu'il y avait eu une rédaction antérieure. Enfin il ressort du texte de la loi salique que les Francs se trouvent en présence des Romains considérés, non pas comme des individus épars, mais comme population nombreuse et agricole. On y voit que le christianisme existe depuis longtemps parmi eux ; on y parle des évêques , des diacres (Walter , tom. 1, pag. 87) , et dans plus d'un article on reconnaît l'influence chrétienne. Comme conclusion ; on pense que le texte purement latin de la loi salique est le plus ancien; on suppose que la glose germanique a été faite sous Charlemagne par des Scabins qui n'entendaient pas bien le latin.

Toutefois, des traditions même contenues dans les préfaces de la loi salique, il résulte que si la rédaction n'a pas eu lieu dans la Germanie, les matériaux qui la composent ont été pris dans des coutumes déjà très-anciennes et qui s'étaient transmises de générations en générations. Klimrath pensait que la première rédaction devait être placée vers la fin du cinquième siècle , un peu avant la conversion des Francs au christianisme.

Une autre opinion émise sur la loi salique, c'est qu'elle ne serait pas un recueil rédigé par ordre d'une autorité constituée, comme la loi des Bourguignons et des Wisigoths, mais seulement une réunion de coutumes faite par quelque prud'-homme, quelque clerc barbare. On se fonde sur un texte qui n'a évidemment rien de législatif, et qui ferait voir que c'est un simple recueil de dé-cisions judiciaires. Voici le passage : « Si quis « hominem mortuum antequam in terram mit-« tatur, in furtum expoliaverit (Malb. chreo « mosdo) M.DCCC den. qui faciunt solid. XLV ; « et IN ALIA SENTENTIA MMD denar. qui faciunt « solid. LXII cum dimidio, culpabilis judicetur.» (Canciani, tom. 2, pag. 44). Voilà pour le même délit deux peines différentes ; et les mots, d'après une autre décision, sont absolument ceux qu'on trouverait dans l'ouvrage d'un particulier.

Nous ne pensons pas cependant que cette der-nière opinion soit exacte ; en tous cas si la loi salique a été primitivement rédigée par un parti-culier, elle a bientôt reçu un caractère législatif obligatoire, car elle a été remaniée et augmentée par divers rois, comme Dagobert, Charlemagne, etc.

Sans nous préoccuper davantage de ces deux

questions discutées, il faut examiner le caractère de la loi salique en elle-même. On a d'abord remarqué, avec raison, qu'elle ne contenait pas tout le droit des Francs ; le titre 60, chap. 3, suppose qu'il y a contradiction entre un plaideur et les Rachimbourgs , pour savoir si ceux-ci ont bien appliqué la loi salique : « Si vero Rathemburgii « illi legem dixerint et ille contra quem dixerunt, « *eis contradicat....* » (Walter, 1 , pag. 81). Puis dans les formules de Marculpfe , dans des actes des neuvième et dixième siècles, on renvoie à des principes qui ne sont pas dans les textes que nous avons. Il y avait donc certainement à côté de la loi un grand nombre de coutumes non codifiées.

Quant à la classification scientifique , elle est tout-à-fait nulle ; on trouve confondues toutes sortes de dispositions sur le droit politique et privé, sur la procédure et le droit criminel. (V. tit. 61, 62, 63, 64, Walter 1, pag. 81). C'est dans le titre 62 de Alodis , chap. 6, que se trouve le texte dont on a argumenté autrefois pour soutenir que les femmes ne pouvaient pas succéder à la couronne de France : *De terra vero Salica in mulierem nulla portio hereditatis transit.*

Le droit civil est à peine l'objet de quelques dispositions précises ; quant à la procédure criminelle, on semble n'avoir eu pour but que de combler quelques lacunes et de spécifier dans divers cas les obligations soit des juges, soit des témoins ; c'est surtout le droit pénal qui a une grande prépondérance dans la loi salique, on s'en occupe dans 340 articles environ ; le reste de la législation est traité dans 65 articles.

Les délits se rangent sous deux chefs, le vol et les violences contre les personnes. Cent cinquante articles environ prévoient les cas de vol de chevaux, moutons, porcs, abeilles, etc. La peine du vol varie suivant l'âge, le sexe, le nombre des animaux volés, le lieu et l'époque du vol. Il en est de même pour les violences contre les personnes ; on prévoit les circonstances les plus singulières, ainsi pour en citer un exemple, le werhgeld pour avoir tué une femme, varie suivant qu'elle est encore en âge d'avoir des enfants, ou suivant qu'elle l'a dépassé, etc. (V. Walter, tom. 1, pag. 40).

Quant aux peines, elles offrent également un caractère curieux : barbares, au dernier point, lorsqu'il s'agit des esclaves (Walter, tom. 1, pag. 23, 24, 56), elles deviennent extrêmement modérées quand elles s'appliquent à un homme ingénu, Franc ou Romain. Point de peines corporelles, point d'emprisonnement; la peine de mort dans quelques cas rares, et on peut presque toujours s'en racheter moyennant une indemnité pécuniaire (le *wergheld*), payée à l'offensé ou à sa famille; plus le *fredum*, somme payée au roi ou au magistrat en réparation de la violation de la paix publique. Pendant longtemps l'offensé a pu préférer la vengeance, la guerre privée, au werhgeld, ce n'est qu'au huitième siècle que l'autorité publique imposa l'obligation de renoncer à la violence, en recevant la composition.

Voilà donc le principal caractère de la loi salique; c'est un code pénal, loi transitoire qui disparut dans le dixième siècle, et fut remplacée en entier par des coutumes dont nous aurons bientôt à nous occuper.

B. Loi des Francs Ripuaires. (On la trouve dans Canciani, tom. 2, pag. 296, et dans Walter, tom. 1, pag. 466).

La loi des Francs Ripuaires a été rédigée, selon des auteurs, depuis l'an 511 jusqu'à l'an 534, sous Théoderic, fils de Clovis ; suivant d'autres, sous Dagobert 1er, de 628 à 638. Ce qui porterait à admettre cette dernière date, c'est le caractère romain qu'on retrouve, plus accentué, dans cette loi que dans la loi salique. Cela tient à la direction donnée aux rédacteurs par leur chef, un nommé Claudius, homme puissant et Romain d'origine. Ainsi on peut affranchir, *secundum legem Romanam*, (tit. 58, 61); la royauté est considérée sous un aspect plus imposant que dans la loi salique, on voit qu'il y avait eu progrès dans la position du chef de bande; cependant les églises sont partout traitées sur le même pied que le roi (titres 9, 10, 14). Enfin, bien que la loi des Ripuaires soit aussi composée en majeure partie de dispositions pénales, le caractère civil y est un peu plus marqué que dans l'autre loi franque (V. titres 37, 48, 49, 59, 60, 69, 74). C'est là ce qui faisait dire à Eginhard, sous Charlemagne, que les Francs avaient deux lois très – différentes sous divers points.

On trouve dans la loi ripuaire une allusion au

duel judiciaire (titre 83) ; la loi salique est muette sur cette institution , mais nous pensons qu'elle existait à l'état de coutume chez toutes les peuplades germaines (V. loi des Bavarois, titre 17. Walter, 1, pag. 287).

Nous ne pousserons pas plus loin nos recherches sur les lois barbares, mais nous avons à voir ce qu'était devenu le droit romain chez les Francs, et quel avait été le sort des coutumes gauloises.

M. de Savigny, dans son *Histoire du droit Romain au moyen-âge*, tom. 2, pag. 65 et suiv., cite une grande quantité de documents qui attestent l'usage du droit Romain dans l'empire Franc; nous ne saurions mieux faire que de renvoyer les étudiants , pour les détails, à cet admirable ouvrage. L'auteur parcourt successivement les provinces wisigothes, bourguignonnes et franques; il cite un certain nombre d'actes et de formules , desquels il résulte que les principes du droit romain étaient souvent appliqués dans la pratique. En 560, un capitulaire de Chlotaire porte formellement : « *Inter Romanos negotia caussarum* , « *Romanis legibus præcipimus terminari.* » (Walter, tom. 2, pag. 2).

Cette conservation de la législation romaine, s'applique, par une institution générale chez tous les peuples germaniques, par la théorie des lois personnelles dont nous allons dire quelques mots.

Chapitre quatrième.

DES LOIS PERSONNELLES (1).

—

Dans les détails que nous avons présentés jusqu'ici, nous n'avons vu que deux peuples en présence : le Barbare vainqueur et le Gallo-Romain vaincu. Chacun d'eux, malgré la juxta-position, avait conservé sa loi propre, mais ce n'était jamais que la loi franque en face de la loi romaine, la loi wisigothe en face du breviarium, etc. Les diverses peuplades germaniques ne se rencontraient qu'accidentellement, et lorsque quelques-uns de de leurs membres se trouvaient au milieu d'une autre tribu, c'était la loi germanique de celle-ci

(1) Add. Klimrath, tom. 1, pag. 342. De Savigny, *Histoire du droit Romain*, t. 1, pag. 89.

qu'on leur appliquait ; ainsi on lit dans la loi salique : « Si quis hominem Francum aut *homi-* « *nem Barbarum* occiderit, qui lege salica vivit « VIIIM den. qui faciunt solidos CC culpabilis « judicetur. » (Loi salique, tit. 43. Walter, 1, pag. 59).

En Italie, Rotharis, un roi Lombard, disait des étrangers : « Omnes gargangi (al. wargangi) qui « de exteris finibus in regni nostri finibus adve- « nerint, seque sub scuto potestatis nostræ sub- « diderint *legibus nostris* Langobardorum vi- « vere debeant, nisi *legem suam* a pietate nostra « meruerint. » (edict. Rotharis, 390. Walter, 1, pag. 752). Ainsi, dans le principe, les lois per- sonnelles se réduisaient à deux : la loi romaine et la loi du Barbare vainqueur qui occupait le sol ; mais cet état de choses changea lorsque l'empire Franc s'étendit par ses conquêtes sur les Bour- guignons et les Wisigoths ; puis d'autres peuples établirent des relations avec les Francs. Aussi à la différence de la loi salique, qui ne mentionne que les Francs et les Romains, la loi ripuaire nomme- t-elle divers peuples : « Hoc autem constituimus « ut infra pagum Ripuarium, tam Franci, Bur-

« gundiones, Alamani, seu de *quacumque natio·*
« *ne,* commoratus fuerit, in judicio interpellatus,
« sicut lex loci continet *ubi natus fuerit,* sic res-
« pondeat. » « Quod si damnatus fuerit, secun-
« dum *legem propriam* non secundum Ripua-
« riam damnum sustineat. » (Loi des Ripuaires,
tit. 31, c. 3, 4. Walter, 1, pag. 172). Cela s'explique par l'époque de la rédaction de la loi ripuaire. Canciani (tom. 2, pag. 42), rapporte un
capitulaire de Charlemagne intitulé : « De justi-
« ciis faciendis ex lege Salica, Romana et Gun-
« dobada. »

Alors s'établit le principe d'appliquer à chaque
homme sa loi d'origine. Ce fait est prouvé par
une infinité de lois et de capitulaires. Nous nous
contenterons de citer un passage d'une formule de
Marculfe ; le roi s'adresse au gouverneur d'une
province : « ... Et omnis populus ibidem com-
« manentes, tam Franci, Romani, Burgundio-
« nes, quam reliquas nationes sub tuo regimine
« et gubernatione degant et moderentur, et eos
« recto tramite *secundum legem et consuetudi-*
« *nem eorum regas...* » (Marculfe, liv. 1, form.
8. Walter, tom. 3, pag. 294).

Les empereurs de la seconde race juraient de conserver à chacun sa loi personnelle. Charles-le-Chauve disait en 864 , dans l'édit de Pistes , chap. 20 : « Quia super illam legem (Romanam) « vel contra ipsam legem nec antecessores nostri « quodcumque capitulum statuerunt, nec nos ali- « quid constituimus. » (Walter, tom. 3, p. 146).

Ce principe des lois personnelles faisait dire à Agobard (au neuvième siècle), dans une lettre, ad Ludovicum Pium, que dans la même maison on pouvait souvent trouver cinq hommes réunis qui vivaient sous cinq lois différentes. Cela devient encore plus remarquable lorsqu'on voit Charle-magne réviser et augmenter la loi des Ripuaires, qui avaient cessé depuis longtemps de former un corps de nation. Cette révision prouve que les dé-bris de ce peuple avaient encore le droit d'être jugés par leur loi d'origine. Un exemple du même genre se rencontre dans la loi des Angles , dont les coutumes n'ont été rédigées qu'après leur en-tière absorption dans la nation des Thuringiens.

Cependant toutes les lois germaniques n'avaient pas reçu dans notre pays cette espèce de droit de cité ; la loi lombarde n'avait pas été admise comme loi personnelle dans les Gaules ; ceci s'explique lorsqu'on se rappelle, que sous la seconde race, les Francs avaient fait la conquête de l'Italie, mais sans l'incorporer à leur empire. (V. Klimrath, tom. 1, pag. 349).

Voyons maintenant comment on appliquait le principe.

A. *Quant aux personnes :*

C'est la naissance qui fixe la loi sous laquelle on doit vivre, sauf trois exceptions :

1° La femme mariée suit la loi de son mari ; quand elle devient veuve elle reprend sa loi d'origine ;

2° Tout le clergé suit la loi romaine.

3° Les affranchis suivent, chez les Lombards, la loi de leurs patrons ; chez les Bourguignons, leurs lois d'origine ; chez les Francs Ripuaires, ils sont soumis à la loi romaine ou à la loi franque, suivant qu'ils ont reçu la liberté d'après l'une ou l'autre loi. (V. leg. Ripuar., tit. 58, 61).

Les enfants ont la loi de leur père légitime ; une femme pouvait donc avoir des enfants soumis à des lois diverses, si elle s'était mariée plusieurs fois, par exemple, d'abord à un Franc, puis à un Romain. Chez les Lombards, les enfants naturels suivaient la loi qu'ils voulaient , puisqu'ils n'avaient point de père certain. (Canciani, tom. 1, pag. 224).

Le clergé suivait la loi romaine soit comme individu, soit comme corporation ; c'était une manière de conserver les priviléges accordés par les empereurs romains et de régir uniformément cette nation nouvelle dont le Pape était le chef et qui avait Rome pour capitale. Ceci est dit dans la loi ripuaire, titre 58 : « Ut ei tabulas secundum le- « gem Romanam *qua ecclesia vivit*, » dans les lois lombardes de Luitprand (Walter, tom. 1, p. 824), dans les capitulaires , dans les hagiographes, etc. Cependant en Lombardie les monastères pouvaient suivre la loi nationale. M. de Savigny cite deux textes de Mabillon concernant le cloître de Farfa, qui demandait, en 999, le duel judiciaire : « Secundum suam Langobardorum « legem. » (De Savigny, *Hist. du droit Rom. au moyen-âge*, tom. 1, pag. 106).

Ici se présente une question qui a été longuement discutée ; pouvait-on, à son choix, quitter une loi pour en prendre une autre ? L'affirmative a été soutenue par Muratori , Montesquieu et Montlausier ; ils se fondaient sur ces mots souvent répétés dans les anciens monuments : *Ego qui professus sum legem Salicam.... Burgundiorum...* On concluait de là qu'en faisant un acte il était permis de se soumettre à une loi désignée. Un autre argument était tiré du choix accordé à la femme veuve, dans certaines législations , de garder la loi de son mari ou de reprendre sa loi d'origine.

M. de Savigny démontre la fausseté de cette opinion par une série de raisonnements et de textes qui nous paraissent devoir entraîner la conviction (V. *Hist. du droit Rom. au moyen-âge* , tom. 1, p. 110). Dans tous les codes germaniques, on se contente pour indiquer la loi d'un individu, de nommer la nation à laquelle il appartient : Burgundio, Francus, Langobardus. Nulle part , dans les textes, on ne pose, en principe, cette faculté de changer de loi , et comme on permet de le faire dans certains cas exceptionnels, par exemple , en entrant dans les ordres sacrés , il y a là un argument à contrario très – fort. Il est vrai que dans les lois de Luitprand (liv. 6, chap. 37. Walter 1, pag. 794) , on trouve ceci : « Et qui- « cumque *de lege suâ discedere voluerit , et* « *pactiones aut convenientias* inter se fecerint, « et ambæ partes consenserint , istud non repu- « tetur contra legem quod ambæ partes volunta- « rie faciunt. Et illi qui tales chartulas scribunt, « culpabiles non inveniuntur esse. Nam quod « ad heritandum pertinet per legem scribant. » Mais le sens de ce texte est évident ; chez les Barbares, comme chez tous les peuples, on avait distingué les conventions qu'on peut modifier à son gré, pacta quæ ad voluntatem pertinent , et les points de droit public que les parties ne peuvent pas changer, comme : la capacité personnelle, les testaments et les relations de parenté ; c'est ce que les anciens Romains indiquaient en disant : Jus publicum privatorum pactis immutari non potest.

B. *Quant aux choses.*

Que les choses fussent mobilières ou immobilières , on suivait toujours la loi personnelle du propriétaire ; mais les alleux ne pouvaient être possédés que par des individus appartenant à la nation franque. Cependant on lit dans un capitulaire de 819 (Canciani, tom. 2, pag. 195, n° 8):

« Ut Ecclesiarum defensores, res suas contra suos
« adpetitores , *eadem lege* defendant qua *ipsi*
« *viverunt,* qui easdem res ecclesiis condonave-
« runt. Similiter et ecclesia eamdem legem ha-
« beat adversum petitores suos , tantum salva
« nostra justitia. » Ainsi les biens donnés à l'é-
glise restaient soumis à la loi du donateur.

En matière criminelle , le werhgeld était calculé d'après la loi de l'offensé demandeur.

En matière civile , on appliquait au contraire la loi du défendeur ou du débiteur dans les contrats.

Les successions étaient réglées par la loi du défunt.

Les mariages devaient être faits suivant la loi du mari, et le concile de Trèves (en 895) annula des mariages faits suivant la loi de la femme.

En résumé , après les conquêtes des Francs , chaque peuple conserva sa loi d'origine et il n'était pas permis d'en changer à son gré. Cependant cette règle recevait quelques exceptions dont la plus importante est celle qui soumet tout le clergé au droit romain.

Outre les lois romaines et barbares, nous trouvons encore chez les Francs d'autres sources du droit positif qu'il faut examiner ; ce sont d'abord les capitulaires des rois et des empereurs.

Chapitre cinquième.

LES CAPITULAIRES (1).

Bien des personnes croient que le nom de capitulaires ne s'applique qu'aux actes de Charlemagne et de ses successeurs, mais c'est une erreur ; cette dénomination appartient également aux ordonnances des rois de la première race. Dans le principe on les désignait par les noms de *constitutiones*, *præceptiones*, *decreta*. Depuis Charles-Martel on les appelle *capitularia*.

Nous allons rechercher : *a*. comment on faisait

[1] On les trouve dans Canciani, tom. 2, *passim*, et tom. 3, pag. 138 et suiv. Dans Walter, tom. 2 tout entier, et tom. 3, pag. 1 à 282.

les capitulaires ; *b.* quel était leur caractère ; *c.* quels sont les monuments dans lesquels ils nous ont été conservés.

A. *Comment étaient faits les capitulaires ?*

On sait que dans la Germanie la grande institution politique était l'assemblée des hommes libres ; là se traitaient les affaires qui intéressaient l'ensemble de la tribu , comme le disait Tacite : *De minoribus principes consultant, de majoribus omnes.* C'était une grande différence avec l'organisation gauloise, dans laquelle les Druides et les nobles avaient toute l'autorité , toute la prépondérance, soit dans les cités, soit dans les assemblées générales.

Après la conquête, ces assemblées, qui se tenaient au mois de mars, continuèrent à subsister de nom ; mais si tous les guerriers avaient le droit d'y assister, il y en avait un grand nombre qui n'usaient pas de cette prérogative. Il est à croire que sous Clovis et ses successeurs immédiats, les assemblées des Francs eurent encore une certaine importance ; mais les auteurs font remarquer que depuis la fin du sixième siècle jusqu'au milieu du septième, les constitutions des rois Francs sont rendues sans la mention de l'assemblée des hommes libres et seulement en rappelant la présence des leudes, des grands et des fidèles qui entouraient le roi. La vie politique et religieuse ne se manifestait plus réellement que dans les conciles. On peut dire que vers la fin de la première race, les assemblées générales étaient tombées en désuétude ; elles se relevèrent cependant sous Pepin-le-Bref, qui les fixa au mois de mai, et surtout sous Charlemagne, qui y ajouta les champs d'automne.

Mais il ne faut point s'y tromper, ces assemblées ne sont plus celles que Clovis consultait quand il voulait se convertir au christianisme ou marcher contre les Wisigoths, ce sont des réunions où les *optimates*, les *seniores*, délibèrent seuls, le peuple ne fait plus qu'approuver. Rien ne peut mieux indiquer la manière dont on faisait les capitulaires, sous Charlemagne, que le passage suivant d'Hincmar, tiré de sa lettre intitulée : Ad proceres regni pro institutione Carolomanni regis et de ordine palatii ex Adalado. Nous empruntons la traduction donnée par M. Guizot dans ses *Essais sur l'Histoire de France*.

« C'était l'usage de ce temps de tenir chaque

« année deux assemblées *(placita)* et pas da-
« vantage. La première avait lieu au printemps ;
« on y réglait les affaires générales de tout le
« royaume ; aucun événement, si ce n'est une
« nécessité impérieuse et uiverselle, ne faisait
« changer ce qui avait été arrêté. Dans cette as-
« semblée se réunissaient tous les grands *(majo-*
« *res)*, tant ecclésiastiques que laïques ; les plus
« considérables *(seniores)*, pour prendre et ar-
« rêter les décisions, les moins considérables
« *minores)*, pour recevoir ces décisions et quel-
« quefois en délibérer aussi et les confirmer, non
« par un consentement formel, mais par leur
« opinion et l'adhésion de leur intelligence.

« L'autre assemblée, dans laquelle on recevait
« les dons généraux du royaume, se tenait seu-
« lement avec les plus considérables de l'année
« précédente et les principaux conseillers.....
« Dans l'une ou l'autre des deux assemblées, et
« pour qu'elles ne parussent pas convoquées
« sans motifs, on soumettait à l'examen et à la
« délibération des grands, ainsi que des premiers
« sénateurs du royaume, et ce en vertu des or-
« dres du roi, les articles de lois nommés *capi-*

« *tula* , que le roi lui - même avait rédigés par
« l'inspiration de Dieu, ou dont la nécessité lui
« avait été manifestée dans l'intervalle des réu-
« nions. Après avoir reçu ces communications,
« ils en délibéraient un, deux ou trois jours, ou
« plus, selon l'importance des affaires. Des mes-
« sagers du palais allant et venant , recevaient
« leurs questions et leur rapportaient les répon-
« ses ; et aucun étranger n'approchait du lieu de
« leur réunion jusqu'à ce que le résultat de leurs
« délibérations pût être mis sous les yeux du grand
« prince, qui alors , avec la sagesse qu'il avait
« reçue de Dieu , adoptait une résolution à la-
« quelle tous obéissaient. Les choses se pas-
« saient ainsi pour un , deux capitulaires , ou
« un plus grand nombre , jusqu'à ce qu'avec
« l'aide de Dieu , toutes les nécessités du temps
« eussent été réglées.... Cependant si ceux qui
« délibéraient sur les matières soumises à leur
« examen en manifestaient le désir, le roi se ren-
« dait auprès d'eux , y restait aussi longtemps
« qu'ils le voulaient.... Je ne dois pas oublier de
« dire que si le temps était beau, tout cela se pas-
« sait en plein air , sinon dans plusieurs bâti-

« ments distincts où ceux qui avaient à délibé-
« rer sur les propositions du roi étaient séparés
« de la multitude des personnes venues à l'as-
« semblée, et alors les hommes les moins consi-
« dérables ne pouvaient entrer. Les lieux desti-
« nés à la réunion des seigneurs étaient divisés
« en deux parties, de telle sorte que les évêques,
« les abbés et les clercs élevés en dignité pussent
« se réunir sans aucun mélange de laïques. De
« même les comtes et autres principaux de l'Etat,
« se séparaient dès le matin du reste de la mul-
« titude, jusqu'à ce que le roi présent ou absent,
« ils fussent tous réunis ; et alors les seigneurs
« ci-dessus désignés, les clercs de leur côté, les
« laïques du leur, se rendaient dans la salle qui
« leur était assignée et où on leur avait fait ho-
« norablement préparer des siéges. »

Il résulte de ce qui précède, que l'initiative appartenait tout entière à l'empereur ; cependant il
y avait quelquefois des capitulaires faits sur la demande du peuple ou des échevins qui composaient
l'assemblée ; ainsi on trouve dans Walter, tom.
2, p. 190, un capitulaire donné à Worms en 303:
« *De generali totius populi supplicatione* apud

« principem pro sacerdotum causa, ne in hostem
« aut pugnam pergerent et quale eis omnibus ex
« hoc immineat periculum. » L'empereur accorde
la demande : *et modo, ista sicut petistis conce-
dimus.*

B. *Quel était le caractère des capitulaires?*

Les capitulaires n'avaient pas toujours le même
caractère au point de vue législatif : les uns étaient
généraux, applicables à tout l'empire Franc, et
pour les cas prévus il n'y avait plus lieu de recourir
aux lois personnelles. Les autres, au contraire,
contenaient des dispositions moins générales,
comme les *capitula addita ad legem Salicam*,
(Vid. Walter, tom. 2, p. 329, 336, 337), ou bien
ad legem Alamannorum (Walter, tom. 1, p. 232)
etc. Il paraît même résulter d'un capitulaire de
803, que ces additions se faisaient d'une manière
spéciale. Charlemagne disait dans une instruction à ses missi Dominici : « Ut populus interro-
« getur de capitulis quæ in lege noviter addita
« sunt. Et postquam omnes consenserint subs-
« criptiones et manufirmationes suas in ipsis ca-
« pitulis faciant. » (Walter, tom. 2, p. 182).

Cette approbation était probablement demandée aux Scabins amenés à l'assemblée par les gouverneurs des provinces.

Quant aux matières traitées dans les capitulaires, elles sont innombrables ; on y trouve : de la législation civile, criminelle, politique, religieuse; des dispositions permanentes ou transitoires; tout le monde enfin, a entendu parler du capitulaire de Charlemagne *de villis vel cortis imperatoris*, dans lequel l'empereur réglemente l'administration de ses domaines (Vid. Walter, tom. 2 , p. 132), et s'occupe des plus petits détails, même des poulets et des œufs qu'il faut porter au marché (chap. 39).

Il y a là un chaos qu'on ne doit peut-être pas attribuer à Charlemagne, mais bien aux compilateurs qui nous ont conservé ses actes en les appelant tous des capitulaires.

C. *Monuments dans lesquels ont été conservés les capitulaires.*

Les originaux des capitulaires étaient conservés à la chancellerie de l'empire , et des copies délivrées aux fonctionnaires et aux prélats qui

avaient pris part à l'assemblée , afin qu'ils eussent à les repandre et à les appliquer. Louis-
le-Débonnaire fixe la marche à suivre dans un
capitulaire de 823, chap. 24 : « Volumus etiam
« ut capitula quæ nunc et alio tempore consultu
« nostrorum fidelium à nobis constituta sunt, à
« Cancellario nostro Archiepiscopi et Comites eo-
« rum de propriis civitatibus modo, aut per se
« aut per suos missos, accipiant, et unusquisque
« per suam diœcesim cœteris Episcopis, abbati-
« bus , comitibus , et aliis fidelibus nostris ea
« transcribi faciant, et in suis comitatibus coram
« omnibus relegant , ut cunctis nostra ordinatio
« et voluntas nota fieri possit. » (Walter tom. 2,
pag. 363).

Il se forma ainsi des collections plus ou moins
complètes, suivant que les Evêques ou les comtes
avaient été plus ou moins exacts à se rendre aux
deux assemblées annuelles. Bientôt des particuliers cherchèrent eux aussi à former des recueils
de capitulaires.

Le premier qui entreprit un ouvrage de ce genre fut un abbé de Fontenelle, ANSÉGISE, qui réunit, en 827 , les capitulaires de Charlemagne et

de Louis le Débonnaire. Il trace lui-même le plan de son travail dans sa préface. « J'ai divisé, dit-« il, les capitulaires en quatre livres. Dans le pre-« mier, j'ai placé les capitulaires de l'empereur « Charles touchant l'ordre ecclésiastique. Dans le « second, les capitulaires du très − pieux empe-« reur Louis sur le même sujet ; dans le troisiè-« me, les lois de Charlemagne sur les objets en « dehors de l'église (ad mundanam legem); dans « le quatrième, ceux de l'empereur Louis, ad « augmentum mundanæ legis. » (Walter, tom. 2, p. 403). Ce recueil, dont tout le monde reconnaît l'authenticité, est loin d'être complet.

Environ dix-huit ans après, un diacre de Mayence, BENEDICTUS LEVITA, fit un nouveau recueil pour ajouter les capitulaires omis par Anségise : « Quapropter ea quæ ille aut invenire ne-« quivit aut inserere fortasse noluit, et illa quæ « postmodum a fidelibus sanctæ Dei ecclesiæ et « Pippini ac Karoli atque Hludouvici didicimus « in jamdictis libellis minime esse inserta. » (Walter, tom. 2, p. 491). Il annonce que pour l'amour de Dieu et de l'église, il va réunir ces documents dans trois livres, en y ajoutant les actes des fils de Louis le Débonnaire.

L'authenticité des capitulaires réunis par Benedictus Levita, a fait l'objet d'une controverse entre les savants ; les uns l'admettent, mais la majorité des auteurs pense qu'au milieu de capitulaires vrais, Benedictus en plaça un certain nombre d'apocryphes destinés à augmenter la puissance et les droits du clergé. C'est ce qui fait qu'aujourd'hui il est fort difficile de reconnaître quelles sont les parties de l'ouvrage de Benedictus auxquelles les historiens puissent ajouter foi.

En dehors de ces deux collections, il y existe un grand nombre de capitulaires qui ont été édités par Baluze en 1677 ; depuis il y a eu des publications encore plus complètes comme celle de Walter dans le *Corpus juris Germanici antiqui*, et dans les monuments de Pertz.

Chapitre sixième.

LOIS DES NORMANDS.

—

Il faut ajouter aux capitulaires, comme monuments du droit positif en France à l'époque de la 2me race, les lois des Normands (V. Laferrière, *Histoire du droit civil*, tom. 3, p. 120). Lorsque Rollon, premier duc de Normandie, eut achevé le partage des terres de cette province, il publia des lois et des statuts dont l'existence ne peut être mise en doute, car lors de son abdication, quand il fit reconnaître, à sa place, son fils Guillaume longue épée, il dit aux Normands : « Legibus et statutis *nostris* auxiliabitur. » Il ne nous reste de ces statuts que ce qui en a été reproduit dans les *Coutumes Anglo-Normandes*, rédigées en Angleterre par l'ordre de Guillaume le Conquérant, et enfin ce qu'on peut retrouver dans deux ouvrages qui remontent au 13e siècle: 1° *L'échiquier de Normandie* ; 2• *L'ancien coutumier de Normandie.*

Chapitre septième.

LES FORMULES.

—

Nous avons déjà dit que les lois écrites ne contenaient qu'une partie des coutumes germaniques; il y en avait, à côté, un grand nombre qu'on appliquait tous les jours et dont on trouve souvent la reproduction dans les formulaires rédigés sous l'influence de la vie judiciaire et du notariat.

Le seul recueil dont on connaisse l'auteur a été rédigé par un moine appelé MARCULFE, qui vivait vers l'an 660, dans le diocèse de Paris. A l'âge de 70 ans, sur la demande de son évêque Landéric, il rédigea deux livres de formules. (V. Walter, tom. 3, p. 285). Dans le premier livre on trouve 40 formules qu'on a appelées *Chartæ regales*, parce qu'il y est traité d'actes passés devant le roi ou émanant de lui. Dans le second livre , composé de 52 formules, appelées *Chartæ pagenses* , il s'agit d'actes intervenus entre des particuliers ou portés devant le comte. L'auteur nous apprend

qu'il a réuni les formules transmises par ses pè-
res, suivant les coutumes du lieu qu'il habite.

Cet ouvrage est extrêmement précieux pour l'intelligence des lois germaniques en vigueur au 7e
siècle. On imprime ordinairement à la suite de
Marculfe, comme appendice, des formules rédigées par un auteur inconnu. Plusieurs de ces actes sont du 7e siècle ; d'autres ont été écrits à l'é-
poque de Charlemagne. (V. Walter, tom. 3, p.
342).

M. Laferrière donne, dans son *Histoire du droit
civil* (tom. 3, p. 364), la liste des autres recueils
de formules que nous possédons. Ce sont : 1° les
FORMULÆ ARVERNENSES (Formules de l'Auvergne),
au nombre de huit et remontant probablement au
5e siècle (Walter, tom. 3, p. 489). M. de Savigny
pense cependant que leur rédaction a eu lieu dans
le courant du 6e siècle. Les principes du droit romain qui y sont reproduits se rapportent surtout
au Breviarium et peut-être à certaines parties du
droit de Justinien. 2° FORMULÆ ANDEGAVENSES ,
antérieures à l'an 681. On les trouve dans Walter, tom. 3, p. 497. L'édition la plus correcte a
été donnée par M. de Rozière à la suite de l'ou-

vrage de M. Giraud, intitulé *Essai sur l'histoire du droit français au moyen-âge*. 3° FORMULÆ SIRMONDICÆ, *secundum legem romanam*. (Walter, tom. 3, p. 364. On les appelle ainsi, parce qu'elles ont été publiées sur un travail préparé par le P. Sirmond. Leur auteur est inconnu et leur époque incertaine. 4° FORMULÆ BIGNIONIANÆ, au nombre de 26. Elles ont été publiées par Jér. Bignon, au commencement du 17ᵉ siècle. Peut-être ces formules remontent-elles à l'époque de Charlemagne. On les trouve dans Walter, tom. 3, p. 400. 5° FORMULÆ LINDENBROGIÆ, publiées en 613 par Frédéric Lindenbrog. Elles contiennent 185 formules prises dans divers manuscrits ; on les trouve dans Walter, tom. 3, p. 412. M. Laferrière regarde ce recueil comme très-important pour l'histoire interne du Droit. On peut encore citer les FORMULÆ ALSATICÆ. (Walter, tom. 3, p. 523) ; et enfin un recueil de formules wisigothiques, publiées pour la première fois en 1854 par M. de Rozière, d'après un manuscrit de la bibliothèque de Madrid.

Une autre série d'ouvrages très-importants, au point de vue de l'histoire, est composée des Po-

LYPTIQUES, c'est-à-dire des livres contenant la description des richesses appartenant aux églises et aux monastères. Le plus important de tous c'est le POLYPTIQUE D'IRMINON, abbé de St-Germain-des-Prés, à Paris. M. Guérard, de l'institut, en a donné un commentaire qui l'a placé au premier rang des historiens.

Pour terminer cette période nous n'avons qu'à dire un dernier mot sur le sort du droit romain dans l'empire Franc. Il est constant qu'il existe comme loi personnelle, même sous la seconde race ; mais on se demande si les œuvres de Justinien sont déjà connues en France. M. de Savigny, dans son *Histoire du droit romain au moyen-âge*, n'ose pas affirmer qu'au 8e et au 9e siècles on connût dans notre pays les pandectes et le code, mais il cite divers actes desquels il résulte que l'on avait l'*Epitome* des novelles fait par Julien. (V. tom. 2, p. 69, 78 et 80).

Telles sont les sources du droit positif dans notre troisième période, qui se termine au moment où la féodalité a été constituée définitivement par l'hérédité des bénéfices, accordée en 877 par Charles le Chauve. Cependant des auteurs ne veulent faire commencer la féodalité qu'à l'époque d'Hugues Capet ; peu nous importe du reste cette question en ce qui touche l'explication des sources législatives.

QUATRIÈME PÉRIODE.

DEPUIS LA FÉODALITÉ JUSQU'A LA RÉDACTION DES COUTUMES.

Chapitre premier.

SOURCES DU DROIT.

Au moment où nous entrons dans cette période nous nous trouvons en présence d'un spectacle bien curieux, les lois *personnelles* sont devenues des lois *territoriales*. La France est divisée en deux grandes parties : dans le MIDI on suit le droit romain, dans le NORD on trouve un grand nombre de coutumes diverses. Cette division est déjà mentionnée à l'époque de Charles le Chauve. On lit dans un capitulaire : « In illa terra in qua « judicia secundum *legem Romanam* terminan— « tur, secundum ipsam legem judicetur , et in « illa terra in qua judicia secundum legem Ro- « manam non judicantur, monetarius sicut su- « pra diximus, falsi denarii, manum dexteram « perdat. » (Edictum Pistense an. 864, cap. 16. Walter, tom. 3, p. 144). Voilà donc les lois va- riant non plus suivant les personnes , mais bien suivant les pays ; nous devons rechercher briève- ment comment ce changement s'est opéré.

Il est bien certain qu'à l'époque de Charlema- gne les lois étaient encore personnelles , mais quand sa main puissante ne fut plus là pour re- tenir en un seul faisceau les parties hétérogènes dont il avait composé son empire, il y eut un mouvement de plus en plus prononcé vers le mor- cellement. En 843 , les Etats qui avaient appar- tenu au grand empereur sont divisés entre trois monarques : Charles le Chauve en France, Louis le Germanique en Allemagne, et Lothaire empereur d'Italie. Vers la fin du neuvième siècle, ce n'est plus seulement trois royaumes que l'on compte dans l'empire de Charlemagne, on y trouve sept monarchies : 1° la France, 2° la Navarre, 3° et 4° la Bourgogne cisjuranne et transjuranne, 5° la Lorraine, 6° l'Allemagne, 7° l'Italie. Enfin, pour nous en tenir à la France, si nous recherchons les morcellements qui y ont été opérés, nous trouvons à la fin du dixième siècle 55 grands fiefs, sur lesquels les rois n'ont plus qu'une autorité nominale. (V. Guizot, *Histoire de la civilisation en France*, 21ᵉ leçon ; et Laferrière, *Histoire du Droit français*, tom. 3, p. 477).

Ces faits exercèrent une très-grande influence sur la législation, et on en voit la preuve évidente dans les capitulaires des divers rois. A mesure que les parties se séparent, que l'action dissolvante se fait sentir davantage, le nombre des capitulaires diminue, parce qu'ils n'ont plus aucune autorité sur les Etats qui se sont formés. En parcourant les tables de Walter, *Corpus juris Germanici antiqui*, on voit combien les capitulaires sont nombreux sous Charlemagne et même sous Louis le Débonnaire ; mais on n'en compte plus que trois sous Louis le Bègue ; trois sous Carloman ; un sous Eudes ; trois sous Charles le Simple, et encore ces actes législatifs n'ont-ils pour objet que de réglementer des relations politiques, ou de faire face à des exigences de circonstances.

De cela il résulte que la législation positive avait, à peu près perdu une de ses sources, les décisions générales émanées des rois de France; mais par contre, elle avait en plus les règlements faits par le chef de chaque nouvel Etat.

C'est également dans ce fait historique que se trouve, suivant nous, l'explication du changement des lois personnelles en lois territoriales.

On a remarqué à toutes les époques, que les nations tendent à marcher vers l'unité de législation comme vers l'unité politique ; nous ne voulons point dire que l'on arrive à former immédiatement un corps homogène, mais de l'aggrégation des masses, il sort une certaine direction d'ensemble, qui est incompatible avec le principe des lois personnelles. Rappelons-nous ce fait : au neuvième siècle, il y a déjà trois cents ans, que les divers peuples habitant la France vivent à côté les uns des autres ; il y a eu frottement continuel, il y a donc forcément tendance à la fusion des diverses lois personnelles. Déjà , lorsqu'à l'époque de Charlemagne, on révisait les lois des Ripuaires, ils ne formaient plus un corps de nation. Combien de fois, dès lors, ne devait-il pas arriver qu'un Franc-Ripuaire, ignorant son origine, était soumis à la loi qui dominait dans le lieu où il habitait.

En un mot , nous pensons que dans chaque grande division de la France, le contact des peuples tendait continuellement à amener l'unité législative. Cela s'est fait peu à peu, sans décision formelle émanée, à jour fixe, du pouvoir dominant dans chaque fraction de l'empire. Il est impossible de dire : c'est à telle époque que les lois personnelles ont cessé d'être en vigueur ; on peut bien trouver encore, à des temps donnés, la trace de ces lois , mais sans pouvoir préciser à quel moment elles ont fini.

Il y a eu fusion lente, insensible, il a fallu plus d'un siècle pour l'opérer radicalement , mais il est certain que le fait s'est accompli d'une manière définitive dans le courant du dixième siècle. La société est devenue féodale ; chaque royaume , chaque province, est divisé en fractions indépendantes. Les bénéfices, d'abord à vie, sont devenus des fiefs héréditaires. Le fief lui-même s'est démembré, et dès lors toute la nation étant partagée en deux classes, les suzerains et les vassaux, on applique la loi du fief suzerain et non plus la loi d'origine. (Confér. Laferrière, tom. 3, p. 488).

Ainsi, à notre question : Comment se sont fondées les lois territoriales ? nous répondons : par la fusion des peuples et par la division du royaume de France en une série de fiefs indépendants du pouvoir royal.

Il reste un second point à examiner : Comment la France s'est-elle trouvée divisée en pays de coutumes et pays de droit écrit , c'est-à-dire de droit Romain ? Voici qu'elle est, suivant nous, la réponse à cette question :

Dans le nord de la France la race germanique dominait aussi bien par le nombre de ses membres que par ses lois, ses mœurs et son langage. Dès lors le droit Romain , qui avait commencé par se corrompre à ce contact , finit par disparaître.

Dans le midi, au contraire, la population gallo-romaine était plus nombreuse ; la législation romaine y était en pleine vigueur. Loin de l'attaquer, les Wisigoths et les Bourguignons l'avaient codifiée. Lorsque les Francs eurent fait la conquête de ces contrées, leur domination exista plutôt de nom que de fait, car les guerriers Francs ne quittèrent point le nord et les terres qu'ils avaient reçues, pour venir habiter le midi. La population d'origine conserva donc toute sa force homogène, avec son langage et sa loi. Ceci est encore démontré par les différences qui existent entre la féodalité du nord et celle du midi. Pour la première on dit : *nulle terre sans seigneur ;* tout homme est vassal à un degré plus ou moins élevé. Pour la seconde, au contraire, on dit : *nul seigneur sans titre*, et le franc-alleu, la terre libre a subsisté dans le Languedoc jusqu'aux derniers temps de la monarchie.

Dès lors voici ce qui se passa : au nord, la fusion amena la prédominance de l'élément germanique, parce que les Germains étaient les plus nombreux et les plus puissants ; dans le midi, la race gallo-romaine absorba les quelques hommes de race étrangère qui étaient restés sur le sol de la France ; la prédominance dans la fusion appartint au droit Romain et amena sa conservation.

Il y a un fait qui vient singulièrement fortifier cette opinion. Nous l'avons déjà répété plusieurs fois, la loi romaine n'avait jamais cessé d'être en vigueur chez les conquérants du midi. Or, chez les Bourguignons, le peu de durée de leur domination, les guerres continuelles qu'ils eurent à soutenir, empêchèrent l'influence germanique de pénétrer profondément dans les populations. Les vainqueurs avaient assez à faire pour conserver leur conquête, sans s'occuper d'imposer leur loi d'origine aux vaincus ; il est donc certain que le droit primitif dut rester vivace chez les Gallo-Romains.

Il est de plus certain qu'il n'y eut aucune colonisation importante de la part des Francs, soit chez les Bourguignons, soit dans le pays des Wisigoths ; les vainqueurs d'autrefois, devenus à leur tour les vaincus, n'eurent plus d'influence. D'ailleurs une grande partie des Wisigoths se réfugia en Espagne ; encore une fois le terrain resta en quelque sorte à la population romaine.

Or, les Bourguignons avaient leur capitale à Lyon et occupaient le pays depuis Langres jusqu'à la Provence. Les Wisigoths étaient établis à Toulouse et avaient pour limites la Saintonge, l'Angoumois, le Périgord, etc.... Lorsque la distinction des pays de droit écrit et des pays de coutumes fut bien tranchée, la division que nous venons d'indiquer fut à peine modifiée, car voici l'étendue des pays de droit écrit : en tirant, à partir de l'île d'Oléron, une ligne brisée qui passe au-dessus de la Saintonge et du Limousin, qui traverse la partie inférieure de l'Auvergne et qui remonte ensuite vers le nord en embrassant le Maconnais et le pays de Gex, on a, à peu près, les limites qui séparent les deux législations. Il ne manque à ce territoire, pour embrasser tous les pays occupés par les Wisigoths et les Bourguignons, que le Poitou et la Bourgogne supérieure qui a conservé le nom des conquérants.

Ainsi s'expliquent et la substitution des lois territoriales aux lois personnelles et la division de la France en pays : de *droit écrit* au midi, de *droit coutumier* au nord.

Nous allons examiner maintenant ces deux divisions et rechercher dans chacune d'elles les diverses sources du droit. Nous commencerons par le nord. On y trouve :

SECTION PREMIÈRE.

Les coutumes.

Quel est le caractère des coutumes et que contiennent-elles ?

Il y a ici deux opinions en présence. Des auteurs soutiennent que dans les coutumes on ne retrouve plus les anciennes maximes germaniques, même à l'état de fusion ; ils disent qu'il s'est formé, avec la féodalité, une législation toute nouvelle qui n'a pas de précédents, et qui est née au milieu des révolutions politiques des 9e, 10e et 11e siècles. On se fonde pour soutenir cette opinion sur trois arguments : le premier, c'est qu'on est loin de retrouver dans les coutumes toutes les institutions mentionnées dans la loi salique, la loi gombette, etc., et que de plus on y trouve des choses tout-à-fait inconnues aux Germains. Le second argument pose en principe que

la plupart des maximes coutumières sont en opposition directe avec les lois germaines. On dit
enfin que les législations barbares étaient personnelles, tandis que les coutumes sont territoriales.

D'autres historiens prétendent au contraire que
l'élément germanique domine entièrement dans
les coutumes du nord ; que s'il est moins énergiquement accusé dans le centre de la France, il
y est cependant encore très reconnaissable. A
l'argument tiré de ce que les lois saliques et autres ne sont pas exactement reproduites dans les
coutumes, on répond que ces monuments ne contenaient point toutes les institutions germaines ,
ce qui est démontré par la loi salique , puisque
sur 420 articles, elle en contenait 340 exclusivement consacrés au droit pénal. Les principes
du droit civil étaient déjà à l'état de coutumes et
ils y sont restés.

Quant à l'antagonisme des maximes germaniques et des maximes coutumières, on le nie complètement ; cela résulte d'une série de dispositions
qu'on retrouve dans toutesles coutumes et qui
n'avaient pu être puisées que dans les lois antérieures. Si dans chaque fief, on avait fait la cou-

tume sans précédents, sans base donnée, jamais on ne serait arrivé à ce caractère de ressemblance qui frappe en étudiant les anciens coutumiers. Ainsi, partout on admet la défense d'instituer un héritier ; la saisine en matière de successions ; la communauté ; le douaire ; le retrait lignager , etc... Il y a sans doute dans ces institutions des caractères plus accentués que dans les lois germaniques, mais il faut se rappeler que déjà trois siècles se sont écoulés, et que ce n'est pas la féodalité seule qui est venue innover. Enfin à l'objection tirée du changement de la loi personnelle en loi territoriale, on réplique que la loi romaine elle aussi était devenue *personnelle* au sixième et au septième siècles ; plus tard elle est de nouveau devenue loi territoriale ; est-ce à dire pour cela que la féodalité l'ait entièrement changée ? Non certainement. De même la féodalité a pris les principes germaniques qui existaient encore , et elle en a fait des lois territoriales : c'est là le changement important qu'elle a opéré.

Cependant, après avoir posé cette règle générale , il faut bien reconnaître qu'il y a dans les coutumes une série d'institutions dont l'origine ne remonte pas au-delà de la féodalité : c'est la partie qui comprend tous les rapports du vassal avec le suzerain. Ainsi la saisine et l'aveu féodal; l'obligation de foi et hommage ; la commise ou confiscation du fief, etc... Il est bien certain, par exemple, que le droit, accordé au suzerain, d'exiger de ses vassaux une aide ou impôt , quand il allait guerroyer en terre sainte, a pris naissance à l'époque des croisades. « Pourquoi je pense, dit « Guy Coquille, que toutes les coutumes parlant « des justices des seigneurs et autres droits sei- « gneuriaux se sont introduites depuis Hugues- « Capet. »

Dans le midi on trouve :

SECTION IIe.

Le Droit Romain.

Nous avons déjà dit que là, le droit Romain était resté dominant dans l'ordre civil et dans les institutions municipales. On avait ajouté comme sources, au code Théodosien et au bréviaire d'Alaric, les compilations de Justinien. C'est surtout dans le courant du douzième siècle que cette addition eut lieu, au moment où les études classiques avaient repris leur éclat par suite des travaux des docteurs de l'école italienne et de leurs continuateurs en France (1). Mais il ne faut pas croire que le droit Romain fût exclusif et qu'il fût appliqué partout de la même manière ; il formait, en quelque sorte une coutume générale à côté de laquelle se trouvaient des coutumes locales plus ou moins complètes, comme celles de Saintonge, d'Agen, de Bordeaux, de Bayonne, etc. etc. Il est important de bien saisir ce point de vue. Dans le midi on trouve aussi ces coutumes, mais ce ne sont que des exceptions au droit Romain, surtout il ne faut pas y chercher le caractère germanique des coutumes du nord, ce ne sont que des institutions locales variant avec chaque cité.

Malgré la division de la France en pays de droit écrit et pays de coutumes, on en était venu à se demander si le droit Romain devait être

(1) V. Laferrière, *Histoire du Droit Français*, tom. 4, pag. 277).

considéré comme droit supplétif dans le silence des coutumes ? Cette question était controversée entre les anciens jurisconsultes. D'après Guy-Coquille, maître Pierre Lizet tenait le droit Romain pour droit commun de la France, obligatoire dans le cas de silence des coutumes ; maître Christophe de Thou ne le regardait, au contraire, que comme la raison écrite, que le juge pouvait se dispenser d'appliquer (Guy-Coquille, *Coutumes du Nivernais*, pag. 2). Ce qui est certain, c'est que beaucoup de coutumes renvoyaient au droit Romain, ou lui avaient faits de nombreux emprunts.

Nous pensons que le droit Romain ne fut admis dans toute la France, comme droit supplétif, qu'après la rédaction des coutumes et par suite des besoins de la pratique ce qui faisait encore dire à Guy-Coquille : « Et les procez et « différends s'étant multipliez, à la décision des-« quels les coutumes ne suffisaient, on a repris « en France l'usage du droit Romain, non pas « pour loy précise, mais pour s'en aider par « bienséance. » (eod.)

Un arrêt du parlement de Paris, en date de

1276 , défend aux avocats d'invoquer le droit écrit là où la coutume a lieu. Cette coexistence du droit Romain et des coutumes, va durer jusqu'à la rédaction de nos codes ; mais il faut mentionner en outre d'autres sources du droit positif dont nous allons nous occuper maintenant.

SECTION IIIe.

Les Chartes (1).

Le mot CHARTE, dans la langue du moyen-âge, signifie une convention, un contrat intervenu entre les seigneurs et les habitants d'un pays qui se formaient en commune. Les rois de France intervenaient pour garantir les chartes accordées par les seigneurs ; dans leurs domaines ils en concédaient eux-mêmes comme suzerains. M. Thierry, dans ses *Lettres sur l'histoire de France*, résu-

______

(1) Il faut lire sur ce point : Thierry, *Lettres sur l'Histoire de France*, n° 13 et suivants. Guizot, *Histoire de la civilisation en France*, 17e leçon. Laferrière, *Histoire du Droit Français*, tom. 4, p. 144 et suiv.

me ainsi l'action de la royauté sur la formation des communes : « Ce rôle d'intervention est le « seul qu'aient réellement joué les rois de France « dans les événements qui signalèrent la nais-« sance des premières communes dans leur petit « royaume, et ce qui les déterminait à se décla-« rer pour ou contre les villes, il faut le dire, c'é-« tait l'argent que leur offrait l'une ou l'autre des « parties. Neutres entre le seigneur et la com-« mune, leur appui était au plus offrant, avec « cette différence qu'ils ne donnaient guère aux « villes que des garanties verbales ou de simples « promesses de secours, et que lorsqu'ils étaient « contre elles ils agissaient effectivement. (Thierry, 13e lettre sur l'histoire de France). D'autres auteurs, comme M. Laferrière, donnent à la royauté une très-grande influence sur la création et le développement des communes.

Quoiqu'il en soit, il faut remarquer que les chartes jurées par les seigneurs et les communes n'avaient pas un caractère exclusivement politique ; on y trouve des dispositions de droit civil, de droit pénal, de procédure, de police municipale, etc. Les ordonnances du Louvre contiennent un grand nombre de chartes confirmées ou concédées par les rois. M. Guizot, dans sa 17ᵉ leçon sur l'histoire de la civilisation en France, donne en entier la traduction de la charte de Lorris et de celle de Laon, qui est intitulée : *Etablissement de la paix.* On y voit réunies une série de dispositions pratiques ; ainsi dans la charte de Lorris, concédée par Louis le Jeune, mais qui paraît n'être qu'une répétition d'une charte de Louis le Gros, on trouve des articles établissant les droits du roi au point de vue des censives et du service militaire. Le monarque stipule même ceci : « Nous aurons à Lorris pour « notre service et celui de la reine un crédit de « quinze jours pleins en fait d'aliments. » (Art. 11). Puis viennent des articles de procédure sur les gages de bataille, la saisine par la possession d'an et jour, la contrainte par corps ; on rencontre enfin des articles de droit forestier ; mais le droit civil est entièrement laissé de côté.

Dans la charte de Laon (an 1128), le caractère est le même, cependant on y trouve un certain nombre d'articles portant sur le droit de famille et sur la transmission de la propriété, « que les

« hommes *de la paix*, sauf les serviteurs des
« églises et des grands qui sont de la paix, pren-
« nent des femmes de toute condition où ils pour-
« ront » (Art. 10). « Nous abolissons complète-
« ment la main-morte » (Art. 12). Dans l'article
13 on détermine les droits à la succession quand
l'un des époux meurt sans héritier.

Dans la charte de Beauvais, confirmée en 1144,
on trouve, à côté l'un de l'autre, ces deux articles:
« Quant à l'étendage des draps, les pieux pour
« les pendre seront fichés en terre d'égale hau-
« teur. »

« Que chaque homme de la commune voie à
« être bien sûr de son fait, lorsqu'il prêtera de l'ar-
« gent à un étranger, car pour ce fait personne
« ne pourra être arrêté, à moins que le débiteur
« n'ait une caution dans la commune. »

Ces exemples suffisent pour faire comprendre
le caractère varié des chartes ; à notre avis c'est
de leur addition aux règles plus généralement sui-
vies, qu'est résultée l'innombrable variété de coutumes locales signalée par les anciens auteurs,
dont quelques-uns en comptent plus de cinq cents.

Nous n'avons pas à rechercher en détail comment les diverses chartes ont été créées ; rappelons seulement qu'il y a, sur ce point, trois zones à établir : 1° dans le nord les communes conquirent leurs chartes les armes à la main et par l'insurrection ; 2° dans l'ouest les populations les achetèrent ; 3° dans le midi elles résultèrent presque toutes de conventions amiables entre les habitants et les seigneurs. (V. Laferrière, *Histoire du Droit français*, tom. 4, p. 125).

Aux chartes il faut ajouter le droit qu'avaient les communes, communautés et corporations de faire des *établissements* obligatoires pour leurs membres. Le livre de justice et de plet en contient divers exemples dans son chapitre 3 d'Establissemanz; mais il constate également que les rois et les seigneurs avaient la faculté de casser ceux qui étaient dommageables aux peuples, contraires aux droits seigneuriaux ou à la loi divine. Ainsi dans le § 6, n° 3 : « Li meres et la commune d'une « vile establirent que là ou ils aveient douze « pers que il n'en i aurait que deux — Li rois « sot ce, et deffent que ce ne durt et que li per « soit en arrière mis; com la dignité de la josti-« ce, ne puet être amenuisie sanz le roi.... »

La règle générale est posée dans le § 7 : « L'en
« n'a pas demande contre celx qui font establis-
« sement, fors li sires dou leu ; mès à requeste de
« bones gens, li sire a la demande ; et s'ele est
« niée, li sires puet fere enquerre de sa autorité
« et par sa queste fere le amander. » (Livre de
justice et de plet. éd. Rapetti, p. 12). (Adde Beaumanoir, tit. 50, des bones viles).

Enfin, à côté de ces sources du droit il faut en
signaler une destinée à remplacer plus tard presque toutes les autres.

SECTION IVe

Les Ordonnances Royales.

Les ordonnances ont remplacé, sous la troisième race, les capitulaires des Mérovingiens et des
Carlovingiens. A peine admises, d'abord, comme
monuments législatifs, elles ont grandi avec le
pouvoir royal, et nous verrons dans la période
suivante que, par leur généralité et leur puissance, elles ont préparé la France à l'unité de codification dont nous jouissons aujourd'hui.

Au moment de l'avènement de Hugues Capet, la royauté présentait un caractère tout-à-fait remarquable ; comme pouvoir nominal, comme pouvoir de suzeraineté, elle embrassait toute la France ; c'était même dans cette espèce d'abstraction que se personnifiait l'unité politique. Le roi était le premier baron autour duquel se groupait la féodalité, mais c'était tout. Comme pouvoir réel, les princes de la race capétienne ne purent, pendant longtemps, faire acte d'autorité que sur leur domaine personnel de l'Ile de France, comprenant à peine cinq de nos départements : 1° la Seine, 2° la Seine-et-Oise, 3° la Seine-et-Marne, 4° l'Oise, 5° le Loiret. Même dans cette étendue si restreinte, ils avaient encore à lutter contre les seigneurs de Montlhéry, de Montmorency et une foule d'autres barons peu disposés à obéir, mais en revanche toujours prêts à soutenir leurs droits et leurs prétentions par la force des armes. Le domaine royal reçut momentanément une grande extension par le mariage de Louis VII avec Eléonore de Guyenne, qui apporta en dot la Touraine, le Poitou, la Saintonge et l'Aquitaine; mais lors du divorce de Louis VII il fallut rendre ces provinces, qui passèrent aux Anglais jusqu'à la confiscation opérée par Philippe-Auguste sur Jean sans Terre. Puis enfin le résultat de cette confiscation fut encore diminué par les restitutions de Saint-Louis, dont la conscience timorée n'approuvait pas entièrement la manière dont ces territoires avaient été acquis ; il rendit aux Anglais une partie de ce qui avait été confisqué pour pouvoir garder le reste sans remords.

Il est facile de comprendre que l'autorité législative du roi était aussi limitée que sa puissance politique, et en effet ses ordonnances n'étaient acceptées que dans son domaine, non pas comme émanant du roi, mais comme venant du seigneur féodal. Pour augmenter leur pouvoir réglementaire, les rois de France s'avisèrent d'un biais qui leur réussit admirablement. Avant de prendre une décision législative, ils réunissaient autour d'eux autant de barons qu'ils le pouvaient, leur faisaient approuver les ordonnances préparées, et de cette manière elles avaient force exécutoire dans les domaines de tous ceux qui avaient contribué à leur rédaction. C'est là ce qu'on appelait les ordonnances faites dans la cour des barons.

Ce fut sous Philippe-Auguste que la royauté commença à prendre une part active à la législation ; on a encore 52 ordonnances de ce prince, et plusieurs ont un caractère de généralité bien marqué. Ce fut également sous son règne que le pouvoir royal sembla vouloir s'émanciper de la tutelle des hauts barons, et prit une allure plus conforme à ce qu'il devait être dans l'avenir ; on en trouve un exemple remarquable dans une charte de l'évêché d'Amiens. D'après les lois féodales, le suzerain général pouvait se trouver vassal de quelques-uns de ses propres vassaux, et cela quand il possédait des fiefs relevant d'eux; il devait donc leur jurer foi et hommage. Philippe-Auguste déclara : que le roi ne devait, ni ne pouvait rendre hommage à personne. Aussi à partir de ce prince, la royauté prit un caractère élevé qui frappe quand on lit les auteurs du temps ; on voit qu'elle commence à devenir nationale, qu'elle préoccupe la pensée des peuples, et sous Saint-Louis elle fut loin de décheoir. Beaumanoir, en 1283, écrivait dans son chapitre 34 des *Coutumes de Beauvoisis :* « Voire est que li roys est « souverain par dessus tous et a de son droit le

« général garde du royaume , par quoi il puet
« faire tex établissements comme il ly plait pour
« le quemun porfit, et che que il establit , i doit
« être tenu. » On tomberait cependant dans une
erreur profonde si l'on prenait à la lettre les expressions donnant au roi le droit de faire des
établissements généraux , car Beaumanoir lui-
même disait : Chacun des barons est souverain
dans sa baronnie.

Non-seulement Saint-Louis était contenu par
la puissance des barons , mais lui-même reconnaissait volontiers leurs droits comme parfaite-
ment légitimes. Il avait une haute idée des droits
et des devoirs réciproques du vassal comme du
suzerain ; aussi admettait – il dans une foule de
circonstances , que les prétentions des seigneurs
devaient l'emporter sur celles du roi. C'est pour
cela qu'il avait grand soin, toutes les fois qu'une
ordonnance pouvait toucher aux domaines des
hauts seigneurs, de les convoquer en cour des barons. Il prenait leur avis, et dans la promulgation il mentionnait toujours cette assistance. Ainsi
dans l'ordonnance de 1228, contre les hérétiques
du Languedoc , il dit qu'elle a été rendue : *De*

magnorum nostrorum et prudentium consilio.
Dans l'ordonnance de 1230, contre les Juifs : De
sincera voluntate nostra *et de communi consilio
baronum nostrorum.* En 1246 , ayant à régler
des difficultés dans le Maine et l'Anjou , il dit :
« Vocatis ad nos *baronibus et magnatibus ea-*
« *rumdem terrarum*, habito cum eis tractatu et
« consilio diligenti.... »

Nous trouvons un exemple, remarquable entre
tous, de cette limitation du pouvoir royal aux domaines du roi, dans l'ordonnance de 1260 , sur
le duel judiciaire. Saint-Louis déclare qu'il l'a-
bolit, mais seulement dans ses domaines. « Nous
« défendons à tous les batailles par tout *nostre de-*
« *mengne*, mais nous n'ostons mie les clains..»
Les seigneurs féodaux refusèrent longtemps de se
soumettre à cette ordonnance, et Beaumanoir consacre son 61ᵉ chapitre, qui a 72 paragraphes , à
examiner quand ont lieu les batailles , « et en
« quelles armeures l'on se combat et que on doit
« bien resgarder le teneure de l'appel. »
Sous Philippe le Bel, prince despote et égoïste,
qui ne demandait au pouvoir que les moyens d'accomplir sa volonté personnelle, les ordonnances

prennent un nouveau caractère ; le roi ordonne des mesures générales pour tout le royaume, sans plus mentionner la cour des barons. En 1302, il fait une ordonnance pour la réformation du royaume, et il dit, article 5 : « Istud, seu istam « ordinationem, quantum ad duces, comites, ba- « rones et alios quosvis subditos nostros volumus « observari. » A ce moment la royauté s'isole de l'aristocratie féodale en fait de législation ; elle ne délibère presque jamais qu'avec des conseillers de son choix, tenant d'elle seule leur mission. Cependant elle n'ose pas attenter trop directement aux droits féodaux les plus importants; ainsi en 1302, Philippe le Bel, qui levait une subvention géné- rale pour la guerre qu'il allait entreprendre contre Ferrand, comte de Flandres, écrivait à ses commissaires : « Et contre la volonté des barons « ne faites pas ces finances en leurs terres. Et « cette ordonnance tenez secrée, mesmement « l'article de la terre des barons, quar il nous « serait trop grand dommage, se ils le savaient. « Et en toutes les bonnes manières que vous pour- « rez, les menez à ce qu'ils le veuillent suffrir, « et les noms de ceux que vous y trouverez con-

« traires nous rescrivez hastivement , à ce que
« nous mettions conseil de les ramener et les
« menez et les traitez par belles paroles , et si
« courtoisement que esclandre n'en puisse venir.»

Il est donc constant que tout en imposant les
vassaux des barons, Philippe le Bel reconnaissait
qu'il allait au-delà de son droit.

Ce fut également dans cette année 1302, que le
roi, à l'occasion de ses démêlés avec le pape Boniface VIII, convoqua pour la première fois les états
généraux d'une manière régulière , c'est-à-dire
en y appelant le tiers état. Mais il faut bien comprendre que jusqu'en 1789, ces assemblées votaient les impôts, délibéraient sur les mesures que
le roi leur soumettait, sans exercer jamais le pouvoir législatif autrement que par voie de pétition
et de doléances. Sur leur demande les rois pro-
mettaient des ordonnances, qui répondaient plus
ou moins bien aux vœux des députés et surtout
du tiers état.

Cette étendue de fait, mais non de droit, donnée au pouvoir législatif des rois par Philippe le
Bel , disparut sous ses successeurs immédiats. Il
se forma des ligues entre les seigneurs dans les

provinces de Bourgogne, de Champagne, d'Artois, du Forez, etc., et les rois furent obligés de reconnaître les droits de la noblesse. La lutte dura longtemps, avec des chances diverses, mais il ne faut pas se le dissimuler, l'agrandissement du pouvoir royal était un fait accompli. Les cas royaux, procès sur lesquels les rois prétendaient avoir le droit de statuer à l'exclusion des justices seigneuriales, devenaient tous les jours plus nombreux et permettaient au prince d'agir directement dans le domaine des barons ; or, les progrès du pouvoir législatif étaient parallèles à ceux du pouvoir judiciaire.

Plus nous avançons dans notre histoire, plus nous voyons le nombre des ordonnances augmenter et leur autorité grandir. Sous Philippe-le-Valois, sous le roi Jean, sous Charles VI et Charles VII les ordonnances sont générales, bien que l'on reconnaisse l'existence des coutumes et des droits seigneuriaux. Ce fut surtout pendant la guerre contre les Anglais que l'on vit paraître les ordonnances rendues sur le vœu des Etats généraux. A ce moment les rois avaient tellement besoin des peuples, qu'ils ne pouvaient rien leur refuser ; de là vinrent : l'ordonnance du 3 mars 1356, rendue en conséquence des demandes des Etats généraux de Paris ; celle du 14 mai 1358, en conséquence des Etats généraux de Compiègne, et celle du 25 mai 1413 sur la police générale du royaume, après l'assemblée des notables tenue à Paris au mois de février précédent.

Ce résultat est facile à comprendre, car si d'un côté la guerre exigeait des dépenses immenses qui ne pouvaient être soldées qu'avec des levées d'impôts votés par les assemblées, d'un autre côté la noblesse commençait à s'affaiblir. Un grand nombre de chevaliers avaient péri dans les combats ou trahi le parti national en passant aux Anglais ; la jacquerie vint encore porter un coup fatal à la noblesse. La royauté éprouva, elle aussi, le contre coup de ces événements ; mais lorsque le calme fut rétabli, lorsque Charles VII eut chassé les Anglais, le pouvoir royal se raffermit, il regagna tout le terrain perdu, tandis qu'il n'en fut point de même pour la féodalité. Au point de vue politique elle était presque anéantie : Louis XI acheva sa ruine ; les priviléges nobiliaires continuèrent bien à se faire sentir jusqu'en 1789, mais sous l'autorité royale. Dès lors le pouvoir législatif des rois n'eut plus à combattre l'influence des grands vassaux ; avec les ducs de Guyenne, de Bourgogne et de Bretagne disparurent les derniers obstacles qui pouvaient empêcher, ce qu'on a appelé la monarchie des Etats généraux, de se transformer en monarchie absolue.

Nous devons examiner maintenant comment les ordonnances étaient faites pendant cette période. Elles étaient préparées par le roi en son conseil, mais elles ne devenaient pas obligatoires par la seule publication, il fallait encore l'enregistrement par les divers parlements. A l'époque de Charles VII il n'y avait encore que le parlement de Paris et celui de Toulouse, les autres furent successivement créés depuis (1).

(1) Pasquier, *Recherches sur l'histoire de France*, liv. II, tit. IV, dit : « Car comme ainsi fut que dès lors que « le parlement fut arresté, il étendit sa puissance sur tous « les territoires de la France, cestuy roy (Charles VII) « premièrement éclipsa le pays de Languedoc et une partie « de l'Auvergne, establissant un parlement dans la ville « de Tholose, lequel y avait été à demi ordonné par Philipe le Bel, non avec tels liens et conditions que sous

Ces assemblées avaient le droit d'exiger des modifications aux ordonnances avant de les enregistrer ; mais les rois, dès les temps les plus anciens, exigeaient quelquefois l'enregistrement. Ainsi aux Olim, en 1313, on trouve la mention d'une ordonnance enregistrée par l'ordre exprès du roi. Pasquier, en ses recherches (liv. 2, ch. 4), et Larocheflavin, dans son *Traité sur les parlements* (liv. 13, ch. 14), racontent que le roi Louis XI, étant encore dauphin, en 1441, exigea l'enregistrement des lettres concernant Charles d'Anjou. Le parlement « veu le temps et volonté du dau- « phin, » fit enregistrer sur le repli des lettres :

« Charles. A l'imitation duquel Louis Onzième, son fils,
« eschangea le conseil qui estait tenu dans Grenoble pour
« le Dauphiné et l'érigea semblablement en parlement.
« Par succession de temps puis après, Louis Douzième
« en créa un autre dans la ville de Bordeaux pour les pays
« de Gascogne, Xaintonge et Périgord. Un autre en celle
« d'Aix pour la Provence ; un dans Dijon pour la Bour-
« gogne, et un finalement dans Rouen pour contenir
« toute la Normandie en devoir. » Le parlement de Bretagne fut institué par Henri II en 1553. (Adde Larocheflavin, *des Parlements,* liv. 1, ch. 6 à 13).

« Lecta de *expresso mandato regis*, per domi-
« num Delphinum præsidentem in ipsius rela-
« tione. » Le dauphin exigea que l'on ôtât ce :
de expresso mandato .... Pasquier ajoute : « Et
« se trouvent assez d'édits portant : de expresso
« et expressissimo mandato regis, pluribus vici-
« bus reiterato. »

Il est difficile de dire bien positivement comment est née cette nécessité de l'enregistrement
dans les parlements. Voici l'opinion la plus
suivie :

Le parlement avait succédé à la cour des barons, dans laquelle, comme nous l'avons dit, les
rois préparaient leurs ordonnances ; pendant un
certain temps, les monarques continuèrent à suivre cette marche et à délibérer dans le parlement
après que les légistes eurent remplacé les guerriers. A une époque qu'on ne peut préciser, les
princes modifièrent cette manière d'agir et se
contentèrent de soumettre les projets aux parlements, en leur reconnaissant le droit, soit de les
rejeter entièrement, soit de modifier les articles
qui leur semblaient mauvais. (Conf. Pasquier,
liv. 2, ch. 4, et Larocheflavin, liv. 13, tit. 14).

Ce droit de refuser l'enregistrement a été souvent proclamé par les rois eux-mêmes, car dans certains cas, en promulguant une loi, ils défendaient aux parlements d'enregistrer plus tard toutes les ordonnances qui pourraient y déroger.

En voici quelques exemples. Le 19 mars 1359, le dauphin régent (1) écrivait au parlement de Paris, à l'occasion de l'exécution des arrêts de justice : « Nous voulons et vous défendons estroi-
« tement que aux lettres patentes ou closes, qui
« en sont ou seront faites et scellées soit en las
« de soie et cire verte, en jaune ou en vermeille
« cire, signées de notre propre main ou autre-
« ment, ne à quelconques mandements de bou-
« che que nous vous en facions, *vous n'y obbéis-*
« *siez* en aucune manière ; mais icelles lettres
« comme injustes et subreptices, torsionères et
« iniques, *cassés et annulés* sans difficulté au-
« cune et sans de nous avoir, ne attendre autre
« mandement sur ce. » Le 13 août 1389 ordonnance, en latin, du roi Charles VI, qui défend au parlement d'avoir égard aux ordres royaux, ten-

(1) Qui depuis régna sous le nom de Charles V.

dant à empêcher l'expédition de la justice. Adde, dans l'ordonnance du 25 mai 1413, sur la police générale du royaume, l'article 214 ; enfin Charles VII dans son ordonnance de Montil-les-Tours (avril 1453, art. 66), disait : « Avons déclaré et « déclarons... que nostre intention n'est que les « juges de notre royaume obéissent, n'obtempè- « rent à nos lettres sinon quelles soient civiles et « raisonnables (1). »

Quant au droit de modification, il est reconnu par le roi Jean dans le titre 65 de l'ordonnance de janvier 1350. On en trouve un exemple dans Isambert, tom. 6, p. 707 : « Quibus quidem lit- « teris preinsertis per dictam curiam nostram « visis, memorata curia nostra eisdem litteris , « *modificationibus tamen et conditionibus su-* « *pra dictis mediantibus,* obtemperavit. »

Toutefois, il faut établir des différences au point de vue de l'enregistrement entre les actes émanés de nos rois.

Nous rencontrons en première ligne les ORDON-

(1) Les textes de ces diverses ordonnances se trouvent dans la collection des lois anciennes d'Isambert.

NANCES proprement dites, qui étaient de véritables lois ; elles contenaient souvent des dispositions variées, surtout celles qu'on faisait pour la police générale du royaume. On y trouve parfois des rapprochements d'articles assez bizarres : le clergé et la police, la religion et le droit civil, tout y est confondu. Cette classe d'actes n'avait d'autorité qu'après l'enregistrement aux parlements, ce qui devint très-important depuis l'augmentation du nombre de ces compagnies ; car si on n'avait point obtenu l'enregistrement dans un ressort, l'ordonnance n'y était pas obligatoire.

En second lieu viennent les ÉDITS ; c'étaient des règlements émanés du roi sur un objet spécial, intéressant tout ou partie du royaume, ainsi les édits sur les duels, sur les hérétiques...

En troisième lieu nous avons les DÉCLARATIONS ; au lieu de contenir des lois nouvelles, elles ne faisaient qu'interpréter, modifier, étendre ou restreindre des dispositions contenues dans des monuments législatifs précédents. Elles étaient aussi soumises à l'enregistrement.

En quatrième lieu les LETTRES-PATENTES , dans lesquelles le roi accordait ou confirmait certains

priviléges, comme les lettres de noblesse, les lettres de grâce, etc. On devait les faire enregistrer
au parlement dans le ressort duquel se trouvait le
domicile de l'impétrant. Il y avait du reste une
différence dans la forme : les ordonnances, édits,
déclarations étaient enregistrés sur la requête du
procureur général et toujours en assemblée générale du parlement ; les lettres patentes étaient enregistrées seulement à la requête des parties in-
téressées.

Quant aux actes d'administration, comme les
règlements militaires, et ceux qui concernaient la
maison du roi, etc. ils n'étaient pas enregistrés.

A côté des parlements, il y eut d'autres cours
souveraines où devaient être enregistrées certaines
ordonnances spéciales ; c'était à la cour des aides,
établie, dit-on, sous le règne du roi Jean vers
l'an 1360, que l'on devait enregistrer toutes les
ordonnances contenant établissement d'aides, tailles et autres impôts. La chambre des comptes,
qui remonterait, suivant des auteurs, jusqu'à Philippe le Bel (V. Pasquier, liv. 2, chap. 5), enre-
gistrait les ordonnances sur la manutention des
finances, leur comptabilité, la conservation du

domaine de la couronne, etc.... les lettres de légitimation, les dons, les pensions, etc... Quelquefois cet enregistrement n'était pas exclusif de celui qui avait lieu dans les parlements , ainsi pour les règlements sur les impôts.

En résumé nous avons trouvé, au moyen-âge, comme sources du droit positif : dans le nord les coutumes, dans le midi le droit écrit ; partout les chartes spéciales aux diverses localités ; enfin les ordonnances des rois. Voilà des éléments bien variés, et cependant nous avons encore à parler d'un droit fort remarquable, car il a toujours conservé l'unité qui manquait aux autres parties de la législation ; nous avons à dire quelques mots du droit canonique.

Chapitre deuxième.

DROIT CANONIQUE (1).

—

Le droit canonique a eu une très-grande importance dans notre pays , non-seulement parce qu'il réglementait l'existence de la société religieuse parallèle à la société civile , mais surtout à cause de la tendance continuelle de la législation ecclésiastique à empiéter sur les lois des laïques.

Comme corporation religieuse , le clergé avait reçu d'une manière incontestable le droit de juger toutes les questions de discipline intérieure , et tout ce qui touchait à l'octroi ou au refus des sacrements. En France , le clergé prétendait même que les rois devaient enjoindre à leurs officiers

(1) Pour compléter ce chapitre, il faut lire les beaux travaux de M. Laferrière dans son *Histoire du droit Français,* tom. IV, pag. 361 et suiv. Adde : Walter, *Manuel du droit Ecclésiastique,* §§ 53 et suiv.

de faire respecter les excommunications prononc-
cées par l'église, en y ajoutant la saisie des biens
si au bout d'un an on n'était pas rentré en grâce.
Mais les rois ne se prêtaient guère à cette prétention. Joinville raconte que l'évêque d'Auxerre
ayant demandé à Saint – Louis d'ordonner à ses
baillis et serjeants , de forcer les excommuniés à
satisfaire l'église , le roi répondit qu'il le ferait
volontiers pourvu qu'on lui soumît les sentences
d'excommunication pour voir si elles étaient fondées. Les prélats, après s'être consultés, déclarèrent qu'ils ne pouvaient pas soumettre à son approbation ce qui touchait ainsi à la religion.. A
quoi Saint-Louis répliqua qu'il ne donnerait jamais aucun ordre de faire respecter les excommunications sans savoir si elles étaient justes ;
« Car si je le faisoie, je feroie contre Dieu et con-
« tre droict. Et si vous en montrerai un exemple
« qui est tel : que les évêques de Bretaigne ont
« tenu le comte de Bretaigne bien sept ans en
« escomeniement ; et puis a eu absolution par la
« court de Rome; et se je l'eusse contraint dès
« la première année je l'eusse contraint à tort. »
(Joinville , pag. 140). Adde Beaumanoir : de

l'office au bailli , paragraphe 38 , coutumes de Beauvoisis (1).

Les tribunaux ecclésiastiques soulevèrent une prétention bien plus ambitieuse ; par un raisonnement qu'on a appelé *la méthode de connexité*, ils voulaient arriver à absorber presque toute la juridiction des tribunaux laïques. Voici comment ils argumentaient :

Il y a trois époques dans la vie : la première c'est la naissance ; or le baptême nous fait immédiatement entrer dans la société chrétienne et dans l'église, et puisque c'est du baptême que dépend en quelque sorte l'état du chrétien , toutes les questions de filiation, de légitimité, de bâtardise, etc., doivent être jugées par les tribunaux ecclésiastiques.

(1) Dans le coutumier attribué à Saint-Louis, et connu sous le nom des Etablissements, le chapitre 123 du livre I est intitulé : D'escommenié pour forcier de venir à amendement et comment il répond en cour laie. En rapprochant ce que contient ce chapitre, des paroles prêtées par Joinville à Saint-Louis, on arrive à repousser, comme nous le ferons plus tard, l'opinion qui attribue au roi de France cette compilation.

On se marie, c'est le second fait important de la vie ; or, le mariage est un sacrement, donc tout ce qui y touche, tout ce qui s'y rattache, comme les questions de dots, de douaires, de conventions matrimoniales, d'adultères, est du ressort du tribunal ecclésiastique.

Enfin on meurt, l'église nous accompagne dans ce moment, elle nous donne les derniers sacrements, elle nous dépose dans la terre bénie ; mais pour le mériter il faut faire des legs pieux, dès lors les affaires de testaments sont encore de la juridiction ecclésiastique.

Voilà quelle était la tendance d'empiétements du clergé, elle fut modérée par l'institution des appels comme d'abus. En 1329, le roi Philippe de Valois réunit au château de Vincennes les prélats, les barons et le parlement pour discuter la question des juridictions et la résoudre.

Les barons et le parlement étaient représentés par Pierre de Cunières, avocat ; les évêques par le cardinal Bertrand. Pierre de Cunières établit soixante-six griefs contre la justice ecclésiastique et la manière dont elle procédait ; il déclara interjeter *appel comme d'abus.* Cette théorie fut ensuite appliquée au maintien des libertés de l'église gallicane, et à la répression des actes arbitraires du clergé.

Voyons maintenant quelles ont été les principales sources du droit canonique, reconnues en France.

Ce sont : 1° les canons des conciles. C'est du mot grec *Kanôn*, règle, ordre, que cette partie du droit a tiré son nom ; 2° les décisions des papes appelées décrétales, bulles ou brefs, suivant leur forme ou leur destination.

Ces divers actes ont été réunis dans des recueils que nous allons mentionner brièvement.

Sans nous préoccuper de divers ouvrages antérieurs, nous arrivons au cinquième siècle de l'ère chrétienne. De l'an 496 à l'an 500, un moine appellé Denys le Petit, fit, à Rome, une collection intitulée : *Codex Canonum Ecclesiastorum.* Ce code se compose : 1° de cinquante constitutions attribuées aux apôtres ; 2° des canons des quatre grands conciles œcuméniques : Nicée, Constantinople, Chalcédoine et Ephèse ; 3° de canons d'autres conciles, par exemple de celui de Sardique; 4° des épîtres des papes à partir du quatrième siècle.

Ce recueil ne fut pas immédiatement répandu dans les Gaules ; cependant il est certain que les papes en eurent desuite connaissance, car ils s'en servaient dans leurs rapports avec les évêques de notre pays. Ce n'est qu'en 772 ou 774 , que le pape Hadrien, après avoir fait réviser l'ouvrage de Denys le Petit , en envoya à Charlemagne un exemplaire , comme la loi générale qu'on devait suivre dans toute l'église. L'empereur fit reproduire ce recueil dans un grand nombre de copies, le distribua aux évêques, et l'église gauloise l'adopta comme loi invariable.

Outre cette compilation, il en circulait d'autres parmi lesquelles il faut remarquer celle attribuée à ISIDORE, qui mourut évêque de Séville en 636. Le pape de Rome avait également reconnu cette collection comme authentique.

Or, au neuvième siècle, un auteur anonyme , caché sous le nom d'ISIDORUS PECCATOR OU MERCATOR, publia une nouvelle collection de décrétales que toutes les églises, sauf l'église de France, adoptèrent comme émanant de l'évêque de Séville.

Plus tard le doute est venu, on a cherché à s'éclairer sur l'origine de ces textes et sur la date de ce travail. On a vu qu'il contenait des textes de l'an 836 ; ce n'était donc pas l'œuvre d'Isidore de Séville. On a constaté également que l'*Isidorus peccator* ne contenait aucun acte postérieur à 857. Voilà donc la limite dans laquelle la collection a été faite. Aujourd'hui sa fausseté est avouée par tout le monde et l'ouvrage est stygmatisé par le nom de : *pseudo-Isidore*, ou fausses décrétales. En effet, en pénétrant dans le texte, en faisant des comparaisons, en se servant de la critique litté-raire, on est arrivé à démontrer que l'auteur avait fait des emprunts à Isidore de Séville, au code Théodosien , aux lois des Wisigoths , des Francs Saliens et Ripuaires, etc. C'était un faussaire en législation. M. Laferrière, dans son *Histoire du droit* (tom. 3, p. 452 et suiv.), analyse le pseudo-Isidore et indique les pièces fausses qu'il contient. Quant au but de l'ouvrage, il est facile à recon-naître : l'auteur veut donner aux papes les moyens d'établir leur suprématie absolue dans l'ordre temporel et spirituel. Pour cela il crée des textes qui tendent à affaiblir le pouvoir des conciles provinciaux et des archevêques métropolitains, en déclarant que toutes les causes majeures doivent être portées en première et dernière instance au tribunal des souverains pontifes, et en donnant pour sanction à ces jugements l'arme redoutable de l'excommunication.

C'était absorber ainsi dans l'église universelle toutes les causes d'un grand intérêt public ou privé ; c'était rendre les papes maîtres de tous les États en leur permettant d'ajourner les rois à comparaître devant eux, et de délier les sujets du serment de fidélité en cas de résistance.

Cette doctrine fut combattue, en France, presqu'au moment même de son apparition, par Hincmar, archevêque de Rheims, primat des Gaules. Dans sa lutte avec Nicolas Ier, il lui écrivait, en 857, qu'il ne pouvait admettre les nouvelles décrétales, puisque déjà on avait la vraie loi dans le recueil de Denys le Petit. Cependant Hincmar ne connaissait pas d'une manière certaine la fausseté du pseudo-Isidore. Ce n'est qu'au quinzième siècle, que le cardinal de Cuza soupçonna la fraude et donna l'éveil dans la *Concordia catholica;* et plus tard Pierre Pithou, dans son travail sur le *Corpus juris canonici*, a indiqué d'une manière incontestable toutes les pièces fausses du pseudo-Isidore. (Adde : Walter, *Manuel du droit ecclésiastique*, § 90).

On a longtemps cherché quel était le faussaire auteur du pseudo-Isidore, et en combinant les dates, en comparant les textes, on est arrivé à la conviction morale, que les fausses décrétales émanaient de l'auteur des faux capitulaires dont nous avons parlé page 62, c'est-à-dire de BENEDICTUS LEVITA, de Mayence.

Les deux ouvrages ont le même but ; dans les fausses décrétales on pose le droit d'excommunication pour les papes; mais si les princes résistent, que faire? Ils ont la force en main, et le pouvoir va échapper à la papauté.... Le moyen se trouvera dans la sanction impériale donnée par les faux capitulaires : — L'empereur prononce, pour les cas de désobéissance, la confiscation de la moitié des biens contre les laïques de condition élevée, et contre ceux *humilioris conditionis*, la la confiscation de tout leur avoir avec la peine de l'exil.

Voici comment M. Laferrière (tom. 3, p. 472) résume cette opinion : « La sanction apparente « de Charlemagne et de Louis le Pieux, dans

« l'ordre civil, était indispensable pour compléter
« la puissance des fausses décrétales. Celles-ci ne
« pouvaient prendre possession de l'ordre tem-
« porel, et produire effet coërcitif contre les biens
« et les personnes qu'en passant sous la forme
« législative des capitulaires ; et le diacre Benoit
« laisse échapper involontairement le secret de sa
« double composition, lorsqu'à la fin de son li-
« vre 7me et dans cet article 476, qui contient la
« sanction pénale de la confiscation et de l'exil,
« il fait dire à l'empereur Charlemagne : *Toutes*
« *ces constitutions ecclésiastiques, que nous avons*
« *ici sommairement et brièvement resserrées, et*
« *qui sont plus pleinement contenues dans le*
« *livre des canons*, nous voulons que par notre
« sanction elles soient à jamais stables. »

Les fausses décrétales, jointes aux faux capitulaires, ont produit un grand effet au moyen-
âge ; elles furent adoptées par toute l'Europe,
sauf la France ; de plus leur influence s'est fait
sentir dans plusieurs recueils postérieurs qui obéi-
rent à la même pensée.

Au dixième siècle, RÉGINON, abbé de Prums, fit
paraître un traité intitulé : *De Ecclesiasticis dis-*

ciplinis et de religione christiana ; mais il usa peu des fausses décrétales. (V. Laferrière, tom. 4, p. 362).

Au onzième siècle, Burchard, évêque de Worms, publia : *Wormociensis ecclesiæ Decretorum libri XX.* Il s'est beaucoup servi des fausses décrétales.

Au douzième siècle (1110), Yves, de Chartres, évêque français, rédigea également un *Decretum.* On était encore sous l'empire des idées qui avaient fait agir le pape Grégoire VII ; aussi l'évêque de Chartres établit-il dogmatiquement l'excommunication des princes chrétiens pour scandale et héhérésie ; la déposition en était la suite immédiate.

Un peu après l'ouvrage d'Yves parut le fameux décret de Gratien (1150), qui a créé le droit canon et son enseignement spécial à coté des chaires de droit civil. (V. Laferrière, tom. 4, p. 366). Le *Decretum Gratiani* est tout-à-fait dans l'esprit des fausses décrétales.

Au treizième siècle, le pape Grégoire IX fit publier une nouvelle collection des décrétales. L'ouvrage a été rédigé par Raymond de Pennafort, général de l'ordre de St Dominique et chapelain du pape. (V. Laferrière, tom. 4, p. 376 et suiv.) Il faut ajouter à cette énumération le SEXTE, sixième livre joint par Boniface VIII, en 1299, aux décrétales de Grégoire IX, et enfin les CLÉMENTINES, publiées en 1317 par le pape Jean XXII ; elles renferment les canons du concile tenu à Vienne en 1311 et 1312.

Du reste la théorie de la suprématie universelle des papes fut violemment attaquée même dans le sein de l'église. Au concile de Constance (en 1414), qui eut lieu pour faire cesser le grand schisme d'Occident et ne conserver qu'un seul des trois papes qui existaient alors, on déclara que l'église universelle était supérieure aux papes. Cette doctrine fut également soutenue dans le concile de Bâle en 1431.

Pour terminer cette période nous avons encore à parler de quelques monuments juridiques, dont l'importance est très-grande, parce qu'ils servent à combler les lacunes qui proviennent de la perte d'un grand nombre de chartes et d'ordonnances royales.

Chapitre troisième,

MONUMENTS JURIDIQUES DU 10ᵉ AU 15ᵉ SIÈCLE.

—

Au moyen-âge, l'écriture n'était pas considérée comme essentielle à l'existence des sources du droit français. Les jugements eux-mêmes se prouvaient par témoins. C'était ce qui faisait dire à Beaumanoir, titre 66, § 6 : « Cil qui se veut « aidier du jugement doit être receus à prover « qu'il gaaigna le querele par jugement en autre « cort. Et ceste preuve doit-il fere par le *recort* « des homes qui firent le jugement. Et s'il ne pot « avoir les homes, parce qu'ils ont essoine ou « parce qu'il sunt de loins... il pot bien prou- « ver par témoins, et le jugement prové, il doit « être délévrés de ce c'on li demandait. »

Mais, *quoniam memoria hominum est labilis,* il se trouva des clercs qui réunirent dans des recueils plus ou moins complets et exacts, les coutumes, statuts, chartes et jugements. C'est ce qui fait qu'on y trouve souvent des dispositions du droit Romain, à côté des règles coutumières ; c'est ainsi que les lois *de testamento militis* avaient été transportées à tout ce qui concernait le testament *aux chevaliers*. De cette manière les légistes pouvaient éluder ce que les coutumes avaient de trop strict sur les dispositions testamentaires. Ces rapprochements, qui peuvent sembler bizarres aux Romanistes, fournissent souvent aux historiens des indications extrêmement précieuses.

Dans les monuments du moyen-âge, les auteurs ont souvent imité le langage législatif, ce qui a trompé bien des écrivains modernes ; ils ont pris pour des lois obligatoires ce qui était l'œuvre de simples particuliers.

Quelle que soit du reste la forme sous laquelle se présentent les coutumiers du dixième au quinzième siècle, ce ne sont jamais des codes revêtus d'un caractère officiel. Leur autorité se réduisait à leur conformité avec ce que chacun savait être la coutume observée dans sa localité, par les gens de son état. Aussi les coutumiers n'étaient-ils pas suivis dans un seul ressort ; comme ils ne contenaient que des conseils, que des décisions proposées aux juges et aux parties , on les suivait par imitation en les modifiant suivant la coutume du lieu.

Aucun des coutumiers connus ne remonte au-delà du onzième siècle. Nous allons donner une notice rapide des plus importants.

SECTION PREMIÈRE.

Le Petrus.

Le seul recueil que nous ayons pour le droit Romain est intitulé : PETRI EXCEPTIONES LEGUM ROMANORUM , extraits faits par Pierre des lois romaines (1). Il fut d'abord imprimé à Strasbourg en 1500 ; M. de Savigny en a donné une nouvelle édition à la suite de son *Histoire du droit Romain au moyen-âge*, (tom. 4, p. 297 de la traduction française). Cet ouvrage a été composé dans le territoire de Valence, un peu après la moitié du onzième siècle , mais on ignore quel est réellement son auteur.

(1) Voir de Savigny , *Histoire du droit Romain au moyen-âge*, tom. II, p. 82 de la traduction française.

Entre autres dispositions remarquables, on y trouve la mention de la division de la France en droit écrit et en droit coutumier : « Omnis hæc « solemnitas (dit le Petrus en parlant de la con- « signation des sommes dues), necessaria est his « partibus, in quibus *leges* , jurisque prudentia « viget, aliis vero partibus ubi *leges* sacratissimæ « incognitæ sunt, sufficit sola oblatio, idoneis tes- « tibus præsentibus facta. » Liv. 2, ch. 31.

Le *Petrus* est composé de quatre livres. Le premier traite des personnes, du mariage et des hérédités ; il contient 67 titres. Le second livre est consacré aux contrats (61 chapitres). Le troisième livre, dans 69 chapitres, s'occupe des délits. Enfin le quatrième livre est consacré à la procédure.

L'auteur a surtout puisé ses principes dans le droit Romain ; il a consulté les Institutes, le Digeste, le Code et les Novelles ; mais il faut entendre par ce dernier mot l'Epitome de Julien. Il ajoute à ces éléments, tantôt les coutumes, tantôt le droit canonique Ainsi, après avoir dit que la vente était parfaite par le seul consentement, il continue : « Etsi nondum tradita est, nec « pretium solutum est, nec arrha data, nec ullum

» aliud factum est, quod *usualiter* per plura loca
« in venditione intervenire solet , ut *percussio*
« *manus et bibaria vini.* » (Liv. 2, ch. 14).

Pour le sacrilége, il rappelle la peine établie par
Justinien, c'est-à-dire une amende de cinq livres
d'or, et ensuite il ajoute : « Sed non leviorem le-
« gem præcepimus esse tenendam quæ a KAROLO
« PRIMO principe est constituta de compositione
« sacrilegii , videlicet in trigenta libras argenti
« examinati, id est sexcentorum solidorum sum-
« mam argenti purissimi. » (Liv. 3, ch. 36).

Quant au droit canonique , l'auteur formule
nettement son opinion dès le second chapitre du
livre premier : « In hoc capitulo notare potes quod
« si canones sunt contrarii legibus , canones te-
« nendi sunt, non leges. »

Ce livre du Petrus est extrêmement précieux
pour bien se rendre compte de ce qu'était devenu
le droit Romain au onzième siècle. Mais, comme
le fait remarquer M. de Savigny , il ne faudrait
pas juger par lui de la valeur scientifique des autres ouvrages de la même époque. Il a été rédigé
par un homme qui avait évidemment une science
toute exceptionnelle , et qui savait se servir des
sources avec une sagacité remarquable.

SECTION IIe.

Les Assisses de Jérusalem.

Les monuments du droit coutumier sont beaucoup plus nombreux que pour le droit écrit.

Ce qu'il y a de remarquable c'est que l'ouvrage le plus important, peut-être, pour l'étude de la féodalité et des coutumes à leur origine, a été rédigé hors de France ; on le connaît sous le nom d'Assisses de Jérusalem (1).

Après la prise de Jérusalem par les croisés (an 1099), Godefroy de Bouillon fit rédiger un recueil de lois, destiné à tous les chrestiens *alanz et venanz*, dans son royaume. Voici comment Jean d'Ibelin raconte ce fait : « Il qui fut moult « attentif et moult curious à mettre ledit royau- « me en bon point et en bon estat, et que ses « homes et son peuple et totes en arrières de gens « allantz et venantz et demerantz el dit roiaume

______

(1) Voir l'introduction historique de M. Beugnot à son édition des *Assisses de Jérusalem*. Addé : Laferrière, *Histoire du droit Français*, tom. iv, p. 476.

« fussent gardés et gouvernés, tenus et mainte-
« nus, menés et justisiés a dreit et à raison, es-
« lut par lou conseil d'ou patriarche de la sainte
« cité et yglise de Jérusalem et par le conseil des
« princes et des barons et des plus sages homes
« que lors il pot aveir, sages homes à enquerre
« et à saveir des gens des diverces terres qui là
« estaient les usages de leurs terres..... et cils
« mirent et firent mettre en escrit et apportèrent
« cel escrit devant le duc Godefroy. » (Edit. de
Beugnot, tom. 1, p. 22).

On fit deux codes, l'un destiné aux nobles et
l'autre aux bourgeois. « Comment le duc Godefroy
« establit deux cours séculiers : l'une la haute
« cour de quoi il fut gouverneor et justisier, et
« l'autre la court de la Borgesie, laquelle est ap-
« pelée la court dou visconte. (Jean d'Ibelin, ch.
2, éd. Beugnot).

Ces recueils d'usages furent appelés *les lettres
du saint sépulchre*, parce qu'ils furent enfermés
dans un coffre et placés dans l'église du saint sépulcre. Ce coffre ne pouvait être ouvert, soit pour
consulter, soit pour modifier les *assisses*, qu'en
présence de neuf personnes : le roi, ou un des

grands officiers de la couronne ; deux hommes liges du roi ; le patriarche ou le prieur du saint sépulcre ; deux chanoines ; le vicomte de Jérusalem, deux jurés de la cour des bourgeois.

Comme nous l'avons dit, ces lois de Godefroy de Bouillon renfermaient les principes du droit féodal, mais dépouillé des abus qui le rendirent odieux en Europe. Elles furent plusieurs fois revues et corrigées. Philippe de Navarre raconte, dans son livre sur les assisses : « Avint que un « moult sage home d'ou roïaume de France, vint « au reiaume de Jérusalem et il fut moult grand « pièce, et le rei et les autres preudhomes du pays « usèrent moult de son conseil, et il amenda « moult plusiors des us et des assisses du réau- « me, par le rei et par ses homes qui moult s'ac- « cordèrent à son sens et à sa parole. »

Les assisses originales ont été perdues lors de la prise de Jérusalem par Saladin, le 2 octobre 1187. « Tout ce fut perdu quand Saladin prist « Jérusalem, dit Philippe de Navarre, ne oncques « puis n'i ot escrite assise, ne us, ne coutume. » Mais des seigneurs, savants en législation, et il y en avait beaucoup en Palestine, travaillèrent à recueillir les dispositions des assises qui s'étaient conservées dans la mémoire des hommes ; ils cherchèrent à reconstruire le monument élevé par la sagesse des premiers croisés. Ce sont ces divers ouvrages que M. Beugnot a édités en 1841 et dont il a donné l'analyse dans son introduction aux assisses de la haute cour.

Le plus ancien traité conservé est celui de Philippe de Navarre, dont le travail fut complété par Jean d'Ibelin, comte de Jaffa.

M. Beugnot raconte dans sa préface (p. 71), comment le livre de Jean d'Ibelin devint, en 1569, la loi du royaume de Chypre.

Au seizième siècle (1531), les Vénitiens, maîtres de l'île de Chypre, ordonnèrent que les lois écrites en français seraient traduites en italien ; trois commissaires nommés, firent publier à son de trompe, que tous ceux qui possédaient des livres contenant les assises eussent à les apporter, et parmi les manuscrits présentés, ils en choisirent quatre pour la haute cour et quatre pour la cour des bourgeois. Le livre de Jean d'Ibelin fut alors traduit et imprimé en italien ; les manuscrits français furent d'abord déposés aux archives du conseil des dix, d'où ils passèrent, plus tard, dans la bibliothèque de St Marc.

En 1789, le gouvernement français ayant demandé la communication de ces précieux documents, le sénat de Venise en fit faire une copie et l'offrit au roi de France. Cette copie, déposée à la bibliothèque royale, fut volée pendant la révolution et rachetée en 1828 par l'Etat. Il faut noter que le manuscrit de Venise avait été lui – même apporté en France en 1797, mais en 1815 il fut rendu aux Autrichiens sans avoir fixé l'attention d'aucun savant. L'édition de M. Beugnot comprend : 1° les assisses de la haute cour, par Jean d'Ibelin ; 2° le livre de Geoffroy le Tort ; 3° celui de Jacques d'Ibelin ; 4° le livre de Philippe de Navarre ; 5° le livre au roi ; 6° les assisses de la cour des bourgeois dont on ne connaît pas l'auteur ou les auteurs ; 7° divers monuments applicables au royaume de Chypre.

M. Laferrière a consacré une partie de son quatrième volume à comparer le droit contenu dans les assisses, avec le droit commun de la France. (V. pag. 495 et suiv.).

SECTION III°.

Le conseil de Pierre de Fontaines à un ami.

Le premier auteur coutumier qui mérite d'être mentionné , dans notre pays , c'est Pierre de Fontaines , qui , suivant Joinville, aidait le roi Saint – Louis à rendre la justice sous les grands arbres de Vincennes. Son ouvrage le plus connu est intitulé : Le conseil de Pierré de Fontaines (1). Il fut composé probablement vers l'an 1253 , par ordre de Saint – Louis , pour servir à l'éducation de son fils Philippe. Voici comment s'exprime l'auteur dans le § 2 de son titre 1er :

« Entendant m'avez fait plusieurs foiz que vos
« avez un fil qui molt bien s'endotrine de bones
« meurs et de ferme créance et que vos espérez
« que après vos tiene vostre éritage et porce vou-
« driez qu'il s'estudiat ès lois et ès coutumes du
« païs.... Si que quant il éritera , qu'il sache
« droit faire à ses sougiez..... et de ce m'avez

______

(1) Edité par M. Marnier, 1 vol. in-8°, 1846, Durand.

« requis et requérez que je li face un escrit se-
« lonc les us et les coutumes de Vermendois et
« d'autres corz laies. »

Il y a dans les conseils de Pierre de Fontaines
un mélange curieux de droit Romain et de droit
coutumier. Il mêle , dit Klimrath , les coutumes
françaises aux dispositions du droit Romain, mais
il fait un choix entre celles – ci, ne donnant que
celles qui lui paraissent applicables, et ayant soin
d'observer en quoi l'usage du temps s'y accorde ou
en diffère. Dans les premiers chapitres, il semble
s'attacher au Digeste, mais bientôt, depuis le chapitre XI jusqu'à la fin, il suit manifestement l'ordre du Code, livres II et III , auxquels il fait de
nombreux emprunts.

Le conseil de Pierre de Fontaines a fait naître
une grande controverse historique. Formait-il un
ouvrage complet, ou n'était-il qu'une partie d'un
travail plus étendu ? Ducange, La Thaumassière et
autres sont pour la première opinion. Klimrath (1)

(1) Klimrath, jeune docteur de Strasbourg, mort à l'âge
de trente ans (le 31 août 1837) au moment où il promet-
tait à la France un rival des Savigny et des Niebuhr. Ses
œuvres ont été réunies en deux volumes par M. Warn-
kœnig. Paris. 1843.

fût amené par des citations de Brodeau , jurisconsulte du 17e siècle, à se demander si ce n'était
pas seulement une portion du livre de la Reine
Blanche. Brodeau disait que Pierre de Fontaines
avait mis par écrit la coutume de Vermandois et
celle de Normandie. Klimrath fit des recherches
à la bibliothèque royale de Paris , et trouva un
manuscrit (no 8922) composé de quatre parties :
1° les conseils à un ami ; 2o et 4° des textes tra-
duits du droit Romain ; 3° le grand coutumier de
Normandie. Le titre était ainsi conçu : « Ci com-
« mence li livres des usages et coutumes de
« France et de Vermandois selon la court laie ;
« et fut fez par une royne de France très gentil
« et très noble. Et le fist à sa requête , les plus
« sages hons qui a son tans vesquit selon les lois
« et por ce est appelé *Li livre la roine.* » A la
fin des conseils on trouve : « Cy fine li premier
« livre la royne. »

Le second livre , précédé d'une table des matières, contient, en partie, une traduction du troisième livre des Institutes de Justinien. Dans le
quatrième livre on retrouve encore des passages
calqués sur les Institutes avec additions de certains
textes du Digeste.

Fallait-il conclure de là que tout le livre de la Reine Blanche devait être attribué à de Fontaine? Les recherches de Klimrath continuèrent , et il trouva un manuscrit (n° 432), dont voici le titre: « Ci commence le livre des lois en français selon « les usages et coutumes de France, que messire « Pierre de Fontaines fit pour son ami le roi Phe- « lippe de France par l'amonestation au roi Loys « son père et bien est profitable à tous juges pour « voir. » Or, Charondas disait dans ses Pandec- tes françaises (liv. i, tit. ii, in fine) : « J'ai vu un « autre livre faict du temps du mesme roy (St- « Louis) pour le roy Philippes son fils et en fu- « rent les autheurs messire Pierre et messire Clé- « ment de Tours et messire Robert le Normand « et messire Hue de Paris. » Ces diverses indica- tions ont amené à ce résultat : lorsque le droit Romain renaissant en Italie, commença à être en faveur dans notre pays, un auteur inconnu rédi- gea sur le droit Romain un ouvrage intitulé : *Le livre de la Royne*. Saint-Louis voulant faire ins- truire son fils Philippe-le-Bel, des coutumes sui- vant lesquelles il devait gouverner le royaume , chargea Pierre de Fontaines de rédiger les coutumes de France et de Vermandois. Pierre de Fontaines obéit, en mêlant à sa rédaction les dispositions du droit Romain qui lui paraissaient applicables à la France, mais en ayant soin d'observer en quoi elles étaient conformes ou opposées à notre droit national. Il paraît qu'il ne put pas terminer son travail, qui fut complété par Clément de Tours et Hue de Paris, en y ajoutant le livre de la Reine Blanche.

Quant à la coutume de Normandie, qui fut aussi jointe *aux conseils*, elle avait été rédigée par Robert le Normand, mais après le règne de Saint-Louis ; car au titre VI, *De justicement*, on lit : « Et por ce le noble roy de France Loys, qui « fut le second après le roy Phelippe, fist cet es- « tablissement en Normandie. »

Pour résumer ce qui précède nous dirons : le livre de la Reine Blanche est un ouvrage antérieur à Pierre de Fontaines, qui n'a fait que les Conseils à un ami.

SECTION IVe

Les Etablissements de Saint-Louis.

Un des monuments les plus curieux du treizième siècle, porte le titre d'ÉTABLISSEMENTS DE ST-LOUIS. Laurière prétend que c'était réellement une ordonnance publiée par le roi en 1270, avant son départ pour l'Afrique ; cette opinion est partagée par des historiens modernes, mais d'autres ne voient, avec Montesquieu *(Esprit des lois,* liv. 28, chap. 38), dans les établissements, qu'un recueil publié par un écrivain, qui s'est servi du nom du saint roi pour donner plus de poids à son œuvre : supercherie dont on ne se faisait pas faute au moyen-âge. Malgré cette origine particulière, les établissements ont une très-grande valeur historique. On y retrouve : 1° l'abolition du combat judiciaire, déjà contenue dans l'ordonnance de 1260 (établis. liv. II, chap. 2) ; 2° la défense des guerres privées ; 3° la préférence de la coutume sur le droit écrit (liv. II, chap. 22) ; 4° l'appel en cour du roi des jugements rendus par les seigneurs (liv. I, ch. 55-78-80 — liv. II, ch. 15), etc.

Les établissements contiennent un résumé du droit politique, civil et criminel; les principes sont souvent appuyés de citations *des décrétales*. (Ex. liv. I, ch. 32-123-166. — liv. II, ch. 20, etc.). *Du Digeste*, (vid. liv. I, ch. 34. — liv. II, ch. 13). *Du Code* de Justinien (vid. liv. I, ch. 65-78-123-129). Le droit coutumier se compose presque exclusivement des coutumes de Paris, d'Orléans et de l'Anjou.

Ce qui démontre, à notre avis, l'origine privée des établissements, c'est qu'on y rencontre à chaque instant la manière de parler d'un jurisconsulte et non celle d'un législateur. Ainsi, après avoir mentionné la défense du duel judiciaire dans le chap. 2 du liv. 1, l'auteur dit, chap. 38 : « Et « encore ont plus li vavassour, car eus *tiennent* « *lor batailles* devant eux de toutes choses, fors « *degrans meffaez.* » Le chapitre 82 est intitulé : de *bataille* de chevalier et de vilain. Le chap. 168 traite de *bataille* entre frères : « Dui frères « ne se combattent pas ensemble de fié, de terres « et de muebles, se ce n'est de traison ou de « murtre ou de rapt. » Comment un législateur arriverait-il à réglementer une institution qu'il

prohibe ? Au chap. 86, liv. 1, de pugnir les usuriers, on lit : « Li muebles doivent être au baron
« et puis si doivent être pugnis par sainte église
« pour le péché. Car il appartient à sainte église
« de chastier chacun pêcheur de son péché, *selon*
« *droit écrit en Décrétales* el titre des jugements
« au chapitre *Novit*, ou il est escript du roi de
« France et du roy d'Angleterre. » Le chap. 92,
liv. 1, commence ainsi : *Telle est la coutume* en
la court laie.... Au chap. 147, pour déterminer
dans quel cas une femme peut agir en justice, il est
dit : « Et autremen non, *selon droit escrit en la*
« *Digeste vielle* el titre des règles de droit en la
« loi : feminæ a publicis judiciis. » Nous pour-
rions multiplier les citations, nous n'en ferons
plus qu'une qui est décisive ; au chap. 21 du liv.
2 : *De dettes deües au Roy*, on lit : « NOSTRE *sire*
« *li Roy* est en saisine et en possession généra-
« lement de prendre et de tenir pour sa dette
« conneüe et prouvée, corps et avoir et hérita-
« ges ; selon l'usage de la cort laïe ne len met
« pas l'home en prison pour dette, si ce n'est pour
« la seue, selon droit escrit en décrétales des so-
« lutions et chap. *Odoardus* , et en code en la

« tierce loi : *si adversus fiscum.* » Jamais Saint-Louis, dans ses ordonnances authentiques, ne dit en parlant de lui : *nostre sire le roy.* Cela prouve selon nous que les établissements, fort précieux du reste au point de vue scientifique, n'ont jamais été une loi promulguée par la volonté royale.

SECTION V^e.

Coutumes de Beauvoisis par Beaumanoir.

En 1283, Beaumanoir, bailli de Clermont en Beauvoisis, publia les coutumes de ce pays, « afin, dit-il, que cil qui désirent vivre en pais « soient ensaignié briévement comment il se def- « fendront de cix qui à tort et par malverse cause « les assaudront de plet, et comment ils connai- « tront le droit du tort, uzé et accoustumé en le « conté de Clermont en Biauvoisis. » (Prologue).

L'auteur déclare ensuite qu'il est déterminé à entreprendre son travail, entre autres raisons, parce que Dieu a ordonné d'aimer son prochain comme soi-même ; c'est donc pour être utile à ses concitoyens qu'il écrit.

Ce sentiment religieux se retrouve dans tout le livre de Beaumanoir, qui combine avec le plus grand discernement le droit Romain, le droit canon et les coutumes. Mais il défend énergiquement les droits du pouvoir temporel contre les empiétements, si étendus à cette époque, de la puissance ecclésiastique. « Bonne coze est, dit-il « dans son chapitre xi, et profit avec et selonc « Dieu et selonc le siècle, que cil qui gardent le « justice espirituel se mellassent de ce qui ap- « partient à l'espéritualité *tant seulement*, et « laissassent justicier et exploitier à le laie justice « les cas qui apartiennent à la temporalité. »

La coutume de Beauvoisis renferme toutes les grandes questions politiques, administratives, de procédure civile ou criminelle, et cela n'est pas étonnant, car à cette époque les baillis réunissaient tous les pouvoirs entre leurs mains, comme autrefois les anciens proconsuls Romains dans les provinces.

Le livre de Beaumanoir est fortement pensé. Voici ce qu'il dit du servage : « Et par quelconque « manière ils soient devenus serfs, vous pouvez « entendre qué grand aumone fait, li sire qui les

« ote de servitude et les met en franchise , car
« *c'est grand mal quand chrétien est de serve*
« *condition.* » C'est une belle doctrine et qui était
peu commune au treizième siècle.

Ce qui rend surtout curieuse la coutume de
Beauvoisis, c'est qu'elle a été rédigée au moment
où la puissance souveraine des hauts barons va
commencer à disparaître devant la monarchie qui
grandit. Elle présente le spectacle intéressant des
anciens usages qui finissent et des nouvelles institutions qui vont les remplacer. Il n'y a pas de
chronique qui puisse donner une idée plus exacte
de l'état féodal de la France à cette époque.

Beaumanoir a été édité par M. Beugnot, en
1842. Auparavant il n'avait été imprimé qu'une
fois par Lathaumassière.

SECTION VIe.

Li livres de jostice et de plet. — Mention de divers coutumiers.

On a encore comme coutumier du treizième siècle, un ouvrage intitulé : Li LIVRES DE JOSTICE ET

DE PLET, édité par M. Rapetti en 1850 dans la collection des documents inédits sur l'histoire de France. Le savant éditeur croirait volontiers que nous avons là une rédaction, plus ou moins soignée, des notes recueillies par un étudiant de l'époque, dans l'université d'Orléans, et il appuie cette conjecture par des raisons qui ne laissent pas que d'avoir leur côté sérieux. (V. préface, p. 29 et suiv.).

Ce livre de *jostice et de plet* contient une tentative de conciliation entre le droit Romain et les coutumes. Le plan est celui du Digeste ; c'est ce qui [a déterminé l'ordre et la série des matières. Dans les vingt livres qui le composent , bien des chapitres ne sont que la traduction du texte même des Pandectes. Ainsi, par exemple, dans le 4me livre, nous lisons (édit. de M. Rapetti, p. 125) : *De testament qui ne vaut rien*, traduit du Digeste, liv. 5, tit. 2. *De demande d'héritage*, traduit du Digeste, liv. 5, tit. 3. Tout le 11me livre, composé de quatre titres, est également une traduction du Digeste. — On retrouve dans ce travail la division des auteurs du moyen-âge en Digestum vetus, infortiatum et novum. — Au 12me livre on lit : Ci commence li livres *d'Enforçade*. — Au 14me livre , Ci commence le 2me livre de *Digeste nove* ; et à tous les livres suivants, jusqu'au 18me, revient cette même mention.

L'auteur cite souvent des faits qui se sont passés de son temps et indique les décisions intervenues ; ainsi dans les chapitres 4 et 5 du premier livre. Il rapporte également les opinions des auteurs contemporains, par exemple au 9me titre du 1er livre : « Car, se comme *Jehanz de Beaumont,* « chevaliers de France le establit et dit : cil qui « aucit son serf sans cause ne doit pas être moins « puniz que s'il avait ocis autrui serf. » Au titre 9 du second livre : « Gefroy de la Chapelle dit « que cil bans n'a pas leu, se cil est hors dou « poer à celui qui juge qui le fera semondre. »

Ce coutumier est riche en détails politiques. (V. liv. 1, tit. 11 à 20). On y retrouve mentionnée la prétention élevée par les rois de France d'être toujours considérés comme suzerains. Le titre 16 du premier livre, intitulé de *l'ofice de roi,* contient cette règle : « Li rois ne doit tenir de « nuil. Duc, conte, viconte, baron puent tenir li « un des autres et devenir home, sauf la dignité

« le roi contre qui homage ne vaut riens... Et
« tuit sont soz la main au roi. »

On remarque qu'au moment où le livre de
justice et de plet a été rédigé, les Hospitaliers et
les Templiers jouissaient encore de tous leurs priviléges. (V. liv. 20, tit. 15, § 6 et § 11).

Contumiers divers.

Après ces ouvrages, on peut citer divers coutumiers : les œuvres de *Jean Faber*, qui vivait en
1328 ; 2° *le stylus Parliamenti* de Guillaume
Dubreuil ; 3° les anciennes coutumes de *Normandie* et de *Picardie*, éditées par M. Marmier ; 4°
les décisions de Jehan Desmares, conseilller au
parlement de Paris et qui fut pendu par la fac-
tion des Armagnacs en 1383. On les trouve dans
le second volume de Brodeau. 5° *La somme rurale* ou *le grand coustumier practique du droit
civil et canon*, rédigée par Jehan Bouteiller, conseiller au parlement de Paris, vers la fin du qua-
torzième siècle. Il a appelé son ouvrage *somme rurale*, parce que, dit-il, c'est la mise en ordre sans
prétention, *ruralement*, des notes recueillies par
un jurisconsulte de village, un homme *rural*.

Ce livre est plein des notions les plus exactes sur le droit de son temps ; il a été annoté au seizième siècle par Charondas le Caron. Cujas l'appelait *optimus liber*.

6° *Le grand coutumier de Charles six*, ouvrage tellement rare qu'on en connaît à peine huit ou dix exemplaires. 7° *Le songe de Duvergier*, attribué à Raoul de Presle et qui fut publié sous Charles V pour bien établir les limites entre le pouvoir spirituel et le pouvoir temporel, etc.

SECTION VIIe.

Les Olim du parlement de Paris (1).

Pour terminer cette période, nous croyons devoir dire quelques mots d'un recueil important : *Les* Olim *du parlement de Paris*, ou registres des arrêts rendus par la cour du roi sous les règnes de Saint-Louis, de Philippe le Hardi, de Philippe le Bel, de Louis le Hutin et de Philippe le Long. Ils ont été publiés par M. Beugnot dans la collection des monuments inédits sur l'Histoire de France.

(1) Voir Klimrath, tom. II, p. 55, etc.

Nous avons déjà dit, qu'au treizième siècle la rédaction des jugements n'était pas exigée, leur existence se prouvait par témoignages et par *recort* de cour, la déclaration des juges.

Cependant l'usage s'était établi de mentionner les arrêts du parlement de Paris sur des rôles séparés. L'un des conseillers de la Cour, Jehan de Montluc, commença à rédiger et à coucher sur des registres les décisions qui lui semblaient dignes d'intérêt ; mais c'était là un travail qui n'avait rien d'officiel. Il fut continué par Nicolas de Chartres, puis Pierre de Bourges, et enfin le parlement fit conserver tous ses arrêts.

Le manuscrit des *Olim* se compose de quatre volumes petit in-folio, écrits sur vélin, en caractères gothiques. Les arrêts rapportés remontent à l'an 1254. Pour tous les détails qui concernent la composition des Olim, il faut lire le mémoire de Klimrath sur le OLIM et sur le PARLEMENT.

Il y a dans ce recueil d'arrêts une immense quantité de documents utiles pour l'histoire de l'organisation judiciaire et politique de nos pays. On y voit, par exemple, comment le parlement expédiait les affaires par bailliages et sénéchaussées; chaque grande division territoriale avait son jour; comment il y avait quelquefois au parlement une chambre, *auditorium juris scripti*, chargée de prononcer sur les enquestes des pays de droit écrit. C'est également à ces registres qu'on doit les renseignements les plus précis sur l'époque de la tenue des parlements.

Voici comment s'exprime M. Beugnot : « Ce document révélera aux historiens le caractère véritable d'une des époques les plus animées et les plus intéressantes de notre époque : aux publicistes, l'esprit d'un gouvernement dont le principe était incertain et la forme compliquée, et aux jurisconsultes les circonstances qui ont fait naître en France un pouvoir judiciaire dont l'éclat et la puissance, après avoir été l'appui le plus solide de l'ancienne monarchie, sont encore aujourd'hui un des souvenirs glorieux de la France. » (Préface des Olim, pag. 101.

CINQUIÈME PÉRIODE.

DEPUIS LA RÉDACTION DES COUTUMES JUSQU'EN 1789.

Nous ne rencontrons plus dans cette période ces questions que leur antiquité rend toujours un peu douteuses ; il y a peu de problèmes historiques depuis le règne de Charles VII. Remarquons également que la monarchie va changer de caractère ; la paix une fois établie dans l'intérieur de la France, les derniers grands vassaux une fois abaissés par Louis XI, le pouvoir royal ne va plus rencontrer que deux obstacles à son développement : les états généraux et les parlements. Mais on se débarrasse des états généraux en ne les convoquant plus qu'à de bien rares intervalles, et quant aux parlements on leur enlève même le droit de remontrances avant l'enregistrement des ordonnances ; dès lors c'est du pouvoir royal que vont découler toutes les sources du droit positif, quand il s'agira de confirmer ou de modifier les anciennes institutions (1).

(1) On a fait remarquer avec raison que nos anciens Etats généraux avaient déjà posé toutes les bases du droit public moderne.

En 1302 : Indépendance de la couronne vis-à-vis du pouvoir spirituel.

1314-1356 : Nécessité du concours des trois ordres pour l'établissement des aides et pour les mesures concernant la généralité du royaume.

28 déc. 1355 : Spécialité de l'emploi des deniers votés.— Examen des comptes.— Retour périodique des Etats pour voter les aydes. — Droit de résister de fait aux officiers exacteurs. — Nul ne peut être distrait de ses juges naturels.

6 févr. 1357. Droit des Etats de conférer la régence.

1359. Ratification par les Etats généraux des traités portant cession d'une partie du territoire (traité avec l'Angleterre pour la délivrance du roi Jean).

Janvier 1380. Les rois doivent respecter : les immunitez, nobleces, franchises, libertez, priviléges, constitucions, usages et coustumes du pays.

Juill. 1438. Maintien des libertés de l'église gallicane, (pragmatique sanction).

Dans cette période, on voit se prononcer de la manière la plus marquée , la tendance à l'unité

Avril 1467. Les Etats délibèrent sur le taux des apanages des fils de France.

Janv. 1483. Dans ces Etats on proclame la souveraineté de la nation représentée par ses députés. C'est aux Etats assemblés à pourvoir à la garde du souverain quand il est mineur, et à la conservation du royaume. On déclare que les impôts sont dons et octrois , sans qu'on puisse dorénavant les appeler tailles. On demande la réunion périodique des Etats, la nomination de députés commissaires pour surveiller la répartition et la levée des deniers, etc. Ces principes étaient surtout mis en avant par le tiers Etat, et il est assez curieux de rapporter les paroles du duc de Bourbon dans l'une des discussions : « Je « reconnais le caractère et les mœurs des « *vilains*; s'ils ne sont opprimés il faut qu'ils « oppriment; otez leur le fardeau des tailles « vous les rendrez insolents, mutins et in-« sociables ; ce n'est qu'en les traitant du-« rement qu'on peut les contenir dans le « devoir. » (Isambert, tom. XI, p. 79). Ces Etats de 1483 ont eu quelquefois des séances qui se sont reproduites en 1789.

législative ; les ordonnances des rois, obligatoires dans toute la France, vont codifier les unes après les autres les principales matières du droit. Toutefois les coutumes générales et locales ne cessent pas d'exister avec leurs variétés dans les détails et leurs ressemblances au point de vue des principes généraux. (V. sur ce point Klimrath, tom. II, p. 244). Nous allons commencer par elles notre examen historique et voir ce qu'elles sont devenues.

Chapitre premier.

RÉDACTION DES COUTUMES.

—

Nous avons dit que jusques à Charles VII, les coutumes n'avaient pas été rédigées officiellement. Lorsqu'il y avait doute sur une disposition, celui qui voulait s'en prévaloir devait démontrer son application usuelle en employant les enquestes *per turbam*, par tourbe, dans lesquelles dix témoins comptaient pour une seule voix. Depuis longtemps les dangers et l'insuffisance de ce moyen avaient frappé les esprits, car on voit dès l'année 1302, Philippe le Bel envoyer des commissaires pour rétablir les coutumes telles qu'elles étaient sous le règne de Saint-Louis, pour abolir les innovations iniques et *ad summam memoriam registrari*. Mais ce n'était là qu'une mesure partielle, qui ne fut même jamais réalisée. Pendant le moyen-âge, on ne trouve qu'un petit nombre

de localités dans lesquelles les coutumes sont rédigées; ailleurs on tenait quelquefois, au greffe des
tribunaux, un *livre coutumier* contenant les coutumes notoires du lieu. (V. *Somme rurale*, liv. ı,
tit. 2). Aussi la confusion était-elle arrivée à son
comble. Pierre de Fontaines disait déjà, chap. 1,
§ 3 : « Mès es costumes de Vermandois me truis-
« je molt esbahi ; por ce que les ancienes costu-
« mes que li preudome ça en arrière solaient te-
« nir et user sont molt anéanties et presque totes
« faillies. » Jean Bouteiller ne savait plus au juste
ce que c'était que la saisine , et enfin le moine
de St-Denys raconte : que le roi Charles VI ayant
voulu armer chevaliers les fils de son cousin, conformément aux anciens usages , on trouva, à la
cour, cette cérémonie fort étrange, car on n'y connaissait plus les anciennes institutions.

Charles VII voulut remédier enfin à cet état de
choses, et il déclara dans son ordonnance pour la
réformation de la justice (avril 1453, art. 125) :
« *Item*. Et (comme) les parties en jugement tant
« en notre court de parlement que par devant les
« autres juges de notre royaume.... proposent
« et allèguent plusieurs usages, stiles et coustumes

« qui sont divers selon la diversité des pays de
« nostre royaume, et les leur convient prouver,
« par quoi les procez sont souventes fois moult
« allongez et les parties constituées en grands
« fraiz et despens ; et que si les coustumes, usa-
« ges et stiles des pays de nostre dit royaume
« étaient rédigéz par escrit, les procez en seraient
« de trop plus briefz et les parties soubslevées de
« despends et mises , et aussi les juges en juge-
« royent mieux et plus certainement ; car sou-
« ventes foys advient que les parties prennent
« coustumes contraires en un mesme pays ; et
« aucunes foys les coustumes muent et varient à
« leur appétit, dont grandz dommages et incon-
« vénients adviennent à nos subjectz. Nous, vou-
« lant abréger les procès et litiges..... et oster
« toutes matières de variations et contrariétez ,
« ordonnons et décernons, déclairons et statuons
« que les coustumes, usages et stiles de tous les
« pays de nostre royaume SOIENT RÉDIGEZ ET MIS
« EN ESCRIT, accordez par les coustumiers, patri-
« ciens et gens de chascun desdiz pays de nostre
« royaume ; lesquels coustumes, usages et stiles
« ainsi accordez seront MIS ET ESCRITZ EN LIVRES,

« lesquels seront apportés devers nous pour les
« faire voir et visiter par les gens de nostre grand
« conseil ou de nostre parlement, et par nous les
« décréter et confirmer.... et jugeront les juges
« de nostre dit royaume tant en nostre cour de
« parlement que nos baillifs, sénéschaux et au-
« tres juges, selon iceux usages.... sans en faire
« autre preuve que ce qui sera escript audit livre
« .... et prohibons et défendons à tous les ad-
« vocatz de nostre royaume qu'ils n'allèguent ne
« proposent autres coustumes, usages et stiles
« que ceux qui seront escriptz accordez et décre-
« tez comme dict est ; et enjoignons auxdict juges
« qu'ils punissent et corrigent ceux qui feront le
« contraire, et qu'ils n'ayent et ne recoyvent au-
« cunes personnes à alléguer, proposer ne dire le
« contraire. »

L'exécution de cette ordonnance non-seulement atteignit le but que se proposait Charles VII, mais encore modifia tout-à-fait le caractère du droit coutumier. Une loi fixe allait se substituer à la coutume variant avec le temps et les événements.

L'ordonnance de Charles VII ne fut pas une

vaine injonction, quoiqu'il soit douteux qu'elle ait eu un commencement d'exécution sous son règne ; mais son influence se fit sentir même hors de ses domaines.

Le 11 mars 1457, les Etats de Bourgogne demandaient la rédaction de leurs coutumes ; le duc Philippe le Bon accéda à ce désir, et par lettres patentes il confirma la rédaction des coutumes du duché de Bourgogne, le 26 août 1459, puis celle des coutumes du comté de Bourgogne, le 28 décembre de la même année.

En France la rédaction des coutumes doit être divisée en trois périodes : la première, qu'on peut appeler période de préparation ; la deuxième, qui est la période de rédaction ; la troisième, comprend la publication et la réformation des coutumes (1).

(1) Pour bien connaître ce qui concerne la rédaction des coutumes il faut étudier le beau travail de Klimrath sur les coutumes, tome II de ses œuvres, pag. 134. Il faut également lire dans le Coutumier général de Bourdot de Richebourg, les procès verbaux de rédaction qui accompagnent presque toutes les coutumes rapportées. Les limites de ce précis ne nous permettant pas d'entrer dans les détails, nous renvoyons les étudiants à ces deux sources, surtout au mémoire de Klimrath.

La période de préparation commence sous Louis XI, ce roi qui voulait, suivant Philippe de Commines, établir en France l'unité des coutumes, de poids et de mesures. Il renouvela l'ordre de rédiger les coutumes et de les apporter par devers lui à certains jours pour les décréter et en ordonner ainsi qu'il verrait à faire. Me Pierre Pithou observe qu'il fut fait un cahier des coutumes du bailliage de Troyes, rédigées par écrit en vertu des lettres patentes du roi Louis XI, en 1481.

Charles VIII, en son ordonnance de Montil-les-Tours, 28 janvier 1493, rappelle que « à l'occasion des empêchements et autres grands affaires qui lors survinrent, » Louis XI n'avait pas pu faire mettre à exécution les ordres qu'il avait donnés : « ce dont, ajoute-t-il, nos subjects ont moult souffert et enduré ; » aussi il renouvelle l'injonction de procéder à la rédaction des coutumes incontinent et toutes choses laissées... (Ord. du Louvre, tom. 20, p. 433).

Pour constater les dispositions de la coutume, on rassemblait en quelque sorte des Etats provinciaux composés des trois ordres : la noblesse, le clergé et le tiers état..... tous coutumiers bien famés et renommés en nombre suffisant, sous la présidence d'un commissaire nommé par le roi. Les membres de l'assemblée devaient jurer, les ecclésiastiques en mettant la main *ad pectus*, les autres en la levant, de déclarer tout ce qu'ils savaient, tout ce qu'ils avaient vu garder et observer des coutumes.... et de tout ce qui se trouverait dur, rude, déraisonnable et comme tel sujet à être modéré, tollu abrogé.... Ils en avertiraient les commissaires suivant leurs consciences. — Après cela, et sur l'avis de la majorité, les commissaires arrêtaient la coutume, les cahiers étaient envoyés au roi qui les faisait examiner et leur donnait force obligatoire. S'il y avait des oppositions à la rédaction ou à l'existence des dispositions de la coutume, on pouvait se pourvoir devant le parlement. (Confér. coutumier général, tom. 3, p. 990).

Comme le porte l'ordonnance de Charles VIII, les grand événements qui se succédèrent sous le règne de Louis XI, retardèrent la publication officielle des coutumes ; mais pendant le temps du règne de Charles VIII, un assez grand nombre de cahiers furent rédigés et envoyés au roi ; ainsi :

Melun en 1497, Chaulmont en Bassigny en 1493, Troyes en 1486, le Ponthieu en 1495, etc. Du reste ces coutumes ne furent promulguées que plus tard (1).

En 1495, une commission, composée de Thibaut Baillet, président au parlement de Paris, et de divers conseillers, auxquels furent adjoints des membres du parquet, reçut la mission d'examiner les cahiers des coutumes et de donner par écrit son avis sur ce qui devait être adopté ou modifié. Ce travail était révisé par le premier président Jacques de la Vacquerie, aidé des commissaires qui avaient présidé à la rédaction des cahiers, et de quelques conseillers (2) ; mais des difficultés soulevées dans cette communication amenèrent de nouvelles lenteurs. Pour remédier à cela le roi ordonna (le 25 mars 1497), que deux commissaires seraient envoyés dans chaque bailliage ou sénéchaussée, y rédigeraient les coutumes sur l'avis des états, et les publieraient sans qu'il fût désormais besoin de les envoyer à Paris. Cependant,

(1) Voir le Coutumier général, passim.
(2) Jacques de la Vacquerie mourut en 1497.

ajoute le roi, « si aucun discord ou différend advenait, sur lequel les dits états ne se puissent accorder, seront les dites difficultés, discords et différends, rédigez et mis par escript, avec les raisons de leurs dits différends, pour estre par nous mis ordre et donné fin , le demourant d'icelles coustumes accordées entièrement publier.... » (V. Coutumier gén., tom. 4, p. 639).

Voila ce qui constitue la période de préparation.

Ce fut sous Louis XII que commença réellement la période de publication. Le 4 mars 1505, le roi renouvela les lettres patentes de Charles VIII, et ordonna que dans les deux mois, au plus tard, les coutumes fussent préparées et présentées à une commission qu'il instituait (1). « Vous mandons
« que vous contraignez tous et chacun nos baillis,
« sénéchaux, juges et autres nos officiers à icelles
« coutumes rapporter et faire rédiger par escript,
« avec les modifications, corrections et interpré-
« tations et leur advis... en leur enjoignant par
« vous qu'icelles coutumes ils aient à rapporter

(1) Voir le grand Coutumier, tom. IV, p. 638.

« dedans *deux mois* au plus tard après la récep-
« tion de nos lettres et des votres. » Le roi ordonna également la publication des coutumes déjà
arrêtées. Un grand nombre de statuts locaux furent publiés en exécution de ces lettres.

Quand les coutumes avaient été publiées, les
commissaires rapportaient au parlement les cahiers rédigés et les procès verbaux de rédaction,
après en avoir laissé un double sur les lieux. Ces
cahiers étaient déposés au greffe, et quand cela
n'avaient pas eu lieu, on n'admettait les coutumes
invoquées qu'à titre de renseignement, bien qu'elles fussent obligatoires pour les tribunaux du pays,
à partir du jour de leur publication.

La rédaction et la publication continuèrent sous
François I\^{er} ; on commence même à entrevoir
quelques essais de réformations, ainsi pour la
coutume du Bourbonnais en 1520. On peut voir
dans Klimrath, pag. 149 et suiv., la liste des coutumes alors publiées.

A partir de la mort de François I\^{er}, non seulement on achève la rédaction des coutumes, mais
encore on réforme celles qui avaient été déjà publiées. Ce fut le président Christophe de Thou qui

pendant vingt-cinq ans dirigea les travaux de réformation. Le premier exemple se présenta en 1555 pour la coutume de Sens, dont le procès-verbal avait été perdu, ce qui rendait impossible la constatation authentique de ses dispositions. On ne pouvait plus reconnaître les articles qui avaient été accordés ou refusés par les trois états. Il en fut de même en 1556 pour les coutumes du Poitou et d'Auxerre. Sans entrer dans une nomenclature stérile, nous nous contenterons de dire que cela eut également lieu pour un grand nombre de statuts locaux.

Avec le règne de Henri III s'arrête le travail officiel de la rédaction des coutumes ; on ne voit plus que de rares publications ; citons cependant comme exemples les coutumes de Barrége et du comté de Bigorre publiées en 1778. Enfin le 9 mars 1783, le roi Louis XVI publia des lettres patentes portant nomination de commissaires pour procéder à la vérification et rédaction nouvelle de la coutume de Ponthieu.

Dans cette période les coutumes furent donc fixées et leurs territoires délimités. Les enquêtes par Tourbes cessèrent d'être une règle de procédure. « Toutefois, dit Guy-Coquille dans son introduction à la coutume du Nivernais, on peut être reçu à prouver par turbes *une nouvelle coutume* qui aura été introduite et prescripte depuis la rédaction de l'ancienne, ainsi fut jugé en février 1528. » Ce dernier vestige disparut dans l'ordonnance d'avril 1667, chap. 13, art. 1 : « Abrogeons toutes enquêtes d'examen à futur, et celles par *turbes*, touchant l'interprétation d'une coutume ou usage, et défendons à tous juges de les ordonner, ni d'y avoir égard, à peine de nullité. »

Chapitre deuxième.

DES ORDONNANCES ROYALES.

Nous avons vu dans la période précédente que les ordonnances des rois devaient être enregistrées aux parlements pour avoir force de lois ; nous avons également constaté qu'en vertu d'un droit maintefois reconnu et exercé, les parlements pouvaient, soit refuser l'enregistrement des ordonnances, soit les modifier. Les treize parlements de France réclamaient tous cette prérogative, mais le pouvoir royal cherchait, à mesure qu'il grandissait, à se débarrasser de cette entrave.

A partir du seizième siècle, nous voyons ce résultat se produire dans les ordonnances provoquées par le chancelier de l'Hospital et par Richelieu.

L'Hospital était, par conviction, dévoué à la monarchie absolue; il la croyait une nécessité pour

la France, et il ne recula devant aucune des mesures qui pouvaient amener le triomphe de ce
qu'il regardait comme une doctrine incontestable.
C'est lui qui porta les plus rudes coups aux libertés politiques, conservées depuis le moyen-âge,
et les parlements s'en ressentirent. Pour nous en
tenir à la matière spécialement traitée dans ce chapitre, voici ce que contient l'ordonnance de Moulins (février 1566) (1) :

Art. 1er. — Les ordonnances par nous faites
depuis notre avénement à la couronne... seront
gardées et observées en nos parlements, grand
conseil, chambres des comptes, et autres nos cours
et justices, et entre *tous* nos sujets, nonobstant
les remonstrances faites ou réservées à faire sur
aucuns articles d'icelles, nonobstant aussi que
nos édits et ordonnances *n'aient été publiées en
aucune desdites cours*. Pourront néanmoins les
gens de nos dits parlements et cours souveraines,
si par succez de temps, usage et expérience, au-

(1) Les divers textes que nous allons transcrire se trouvent dans Isambert, *Recueil des anciennes lois françaises.* L'ordonnance de Moulins est dans le tom XIV, p. 189.

cune desdites ordonnances se trouvaient contre l'utilité et commodité publique, ou être sujets à interprétation , déclaration ou modération , nous en faire telles remonstrances qu'il appartiendra pour y être pourvu, *et cependant nos dites ordonnances tiendront.*

Art. 2. — Après que nos édits et ordonnances auront esté renvoyés en nos cours de parlement et autres souveraines, pour y être publiés, voulons y être procédé , toutes affaires délaissées , sinon qu'ils avisassent nous *faire quelques remontrances,* auquel cas leur enjoignons de les faire *incontinent,* et après que sur icelles remontrances, leur aurons fait entendre *notre volonté,* voulons et ordonnons estre passé outre à la publication , sans aucune remises à autres secondes

Les parlements n'ont donc plus le droit de modifier les ordonnances , mais on leur laisse celui de faire des remontrances avant l'enregistrement, ce qui fut encore suffisant pour amener la modification ou le retrait d'un certain nombre d'édits, tant l'autorité des parlements semblait encore imposante.

L'Hospital ne voulant pas du reste que ce droit de remontrances pût entraver dans certaines circonstances la marche de la royauté, posa le principe des *lits de justice*, quant aux ordonnances, c'est-à-dire que lorsque le roi allait lui-même au parlement présenter un édit, il devait être enregistré sur le champ tout droit de remontrance cessant. Larocheflavin, dit à ce sujet, dans son *Traité des parlements*, liv. 13, ch. 26 : « Quand le roy est présent à la publication des édits, le chancelier ou président qui porte la parole pour le roy dit en ceste sorte : le roy vous dit que sur le repli des lettres sera mis qu'elles ont été lues, publiés et enregistrées ouï sur ce son procureur, sans y mettre ce requérant n'y consentant..... ; comme aussi le roy présent le parlement n'y autre magistrat ne peut user d'aucun commandement ni exercice de justice de luy mesmes, *adveniente principe cessat magistratus...* » Et ailleurs (même livre, chap. 14) : « Nous avons vu un grand nombre d'édicts et crois je plus de cent refusés. Tellement que nous avons veu le feu roy Henry trois, *en cela très mal conseillé*, s'en venir avec le chancelier... en personne seoir à l'audience du Palais à Paris et en sa présence faire publier plusieurs de tels édits, desquels la publication avait été souvent refusée..... auquel cas.... le registre était chargé *du très exprès commandement du roy présent et président, avec son chancelier à ladite publication.* » Cependant Charles IX reconnaissait encore le droit de refus du parlement, car dans son édit de juillet 1566, sur les terres érigées en duchés, marquisats ou comtés, il disait en prévoyant la possibilité d'un changement dans ses volontés : « Inhibons et défendons aux gens tenans nos cours de parlements, chambres des comptes, auxquels lesdites lettres d'érection seront adressées, *qu'ils n'aient à les vérifier....* quelque commandement jussion et dérogation qui y peust être insérée au préjudice des présentes. » (Isambert, tom. 14, p. 219). C'est ce qui a fait dire à certains auteurs que l'édit de Moulins n'était pas observé ; cela semblerait confirmé par ce qui arriva pour l'ordonnance de janvier 1629, connue sous le nom de code Michaud.

L'article premier reproduisait la prohibition pour les parlements et cours souveraines de modifier les ordonnances royales ; il limitait à *six mois* le droit de remontrances. Le parlement répondit sur cet article: « que les édits et lettres patentes de déclaration ne seront exécutées qu'elles n'aient été délibérées et vérifiées ès parlements et autres juridictions auxquelles la commission en est attribuée, suivant l'ordre de tout temps *observé ès lois du royaume.* » Ainsi les parlements résistaient ; mais en 1661 (février), ils eurent à supporter les coups d'un adversaire encore plus redoutable que l'Hospital ; le cardinal de Richelieu défendit aux parlements et autres cours de justice de prendre à l'avenir connaissance des affaires d'État et d'administration. Dans un préambule très-dur, le roi Louis XIII rappelle les empiétements prétendus des parlements , et quant aux édits il déclare : Art. 3-4, « que le parlement n'a jamais le droit d'arrêter l'exécution des édits et déclarations vérifiés en notre présence et séant *en notre lit de justice.* — Art. 5. Que pour tous les autres il y aura à distinguer ; ceux qui toucheront au gouvernement et à l'administration de l'État devront être enregistrés , *sans en prendre connaissance et sans délibération ;* quant aux ordonnances sur les finances, le droit de remontrance est conservé, mais sans que les parlements puissent de leur autorité y apporter *ni modifications, ni changements*, ni user de ces mots : nous ne devons ni ne pouvons , qui sont injurieux à l'autorité du prince.» (Isambert. tom. 16, p. 531). Le parlement n'osa pas lutter contre Richelieu, et alors, dit un auteur : le despotisme fut proclamé dans un pays où la liberté avait toujours été mal comprise, mais où la servitude n'avait jamais été reconnue.

Louis XIV alla encore plus loin que Richelieu dans l'ordonnance de Saint-Germain-en-Laie , avril 1667, titre 1ᵉʳ : de l'observation des ordonnances ; non-seulement il confirma le principe de l'enregistrement immédiat dans le cas des lits de justices, mais encore pour les autres actes envoyés dans les cours pour être *régistrés*, il limita le droit de remontrance à *huit jours*, pour les compagnies qui se trouvent dans les lieux où séjourne le roi , et à *six semaines* pour celles qui seront plus éloignées, après lequel temps les ordonnances seront tenues pour publiées.... (Isambert, tom. 18, p. 105). Enfin en février 1674, il ordonne que les édits soient d'abord enregistrés sans aucune modification, restriction ni autres clauses qui en puissent surseoir ou empêcher la pleine et entière exécution. Le droit de remontrance APRÈS l'enregistrement est conservé dans le délai de huitaine ou de six semaines, comme dans l'ordonnance de 1667, (Isambert tom. 19, p. 72).

Il fallut se soumettre, et pendant le règne de Louis XIV, les cours souveraines firent peu de remontrances, sachant qu'elles resteraient sans effet.

A la mort de Louis XIV, le parlement de Paris ayant cassé le testament du roi et donné la régence au duc d'Orléans, celui-ci pour acquitter sa dette de reconnaissance, rendit aux cours souveraines le droit de remontrances AVANT l'enregistrement. « Nous avons cru, dit le régent ne pouvoir rien faire de plus honorable pour notre cour du parlement, et de plus avantageux pour notre service même que de lui permettre de nous représenter ce qu'elle jugera à propos *avant* que d'être obligée de procéder à l'enregistrement des édits et déclarations que nous lui adresserons. » Les remontrances doivent être transmises dans la huitaine de la délibération (15 sept. 1715, Isambert, tom. 21, p. 40).

Mais on ne rend pas aux cours souveraines le droit d'interprétation et de modification. (Voir l'arrêt du conseil du 21 août 1718, art. 6. Isambert, tom. 21, p. 161).

Les parlements usèrent avec courage du droit qui leur avait été rendu. Les remontrances du parlement de Paris, sous Louis XV, sont restées célèbres. Les ministres se fâchèrent, et le 21 juillet 1720, le parlement fut transporté à Pontoise, où il ne devait s'occuper *que de rendre la justice*. Quelques mois après, le 16 décembre 1720, le parlement était rétabli à Paris ; mais on peut dire qu'à partir de ce moment la bonne harmonie n'existera plus que passagèrement entre les parlements et le pouvoir royal. En 1732, lutte à l'occasion de la bulle Unigenitus ; le parlement déclare qu'il ne peut continuer ses fonctions en l'état de la défense du roi de connaître les causes concernant la discipline ecclésiastique. Dans cette circonstance la royauté céda. (V. la déclaration du 18 août 1732, Isambert, tom. 21, page 374).

A la suite de nouvelles difficultés, le 5 mai 1753, le parlement arrête de cesser son service. Le 7 il est transféré à Pontoise et refuse d'obéir. On le remplaça momentanément par une chambre royale installée au Louvre ; mais personne ne voulant plaider devant ces juges improvisés, il fallut, en 1754, rappeler le parlement, que cette rigueur n'avait point abattu. Son opposition resta aussi ferme, et en 1770 la lutte devint plus ardente que jamais. Le roi étant venu, en lit de justice, demander l'enregistrement d'un édit sur les relations des diverses cours souveraines entre elles, les conseillers et les membres du parquet lui firent des remontrances qui n'eurent aucun résultat. Le lendemain la cour suspendit ses séances Dans la nuit du 19 au 20 janvier 1771, deux mousquetaires portèrent à chaque membre du parlement une lettre de cachet lui enjoignant d'avoir à remettre par écrit l'engagement de reprendre le service ordinaire des chambres. Quarante conseillers signèrent sur le moment, mais ils se rétractèrent le lendemain matin, en apprenant le refus de leurs collègues. Alors leurs charges furent déclarées confisquées et on les remplaça par de nouveaux magistrats qui formèrent ce qu'on appela le *parlement Meaupou*, du nom du chancelier qui avait présidé à l'exécution des rigueurs dirigées contre la magistrature (1).

(1) La cour des aides, présidée par M. de Lamoignon de Malesherbes, premier président, adressa au roi des remontrances très-énergiques sur la suppression du parlement. Il y est dit, en parlant des nouveaux conseillers que le roi va créer : « Nous osons affirmer à votre Majesté... qu'on ne trouvera pour remplir le nouveau tribunal que des sujets qui en acceptant cette commission signeront leur déshonneur ; les uns qui par ambition voudront bien affronter la haine publique ; les autres qui s'y dévoueront avec regret, mais qui y seront forcés par l'indigence ; les uns par conséquent *déjà corrompus, les autres qui ne tarderont pas à l'être*. Et ne croyez pas, Sire, que ceux qui entreront dans cette magistrature de nouvelle érection, puissent mettre leur honneur à couvert en alléguant qu'ils y ont été forcés. Tout le monde sait aujourd'hui que de pareils ordres ne se donnent qu'à ceux qui les ont *mendiés* secrètement. » Le 22 mars 1771, la cour des aides déclara qu'elle ne reconnaîtrait pas les prétendus officiers du nouveau parlement. Cet arrêt fut cassé le 24 mars 1771 par le conseil d'Etat du roi. Au mois d'avril 1771, le roi supprima la cour des aides.

Dans le courant de l'année 1771, tous les parlements de province furent aussi supprimés et remplacés par des cours supérieures.

Le parlement Meaupou dura trois ans. À son avénement Louis XVI rétablit l'ancien parlement de Paris, auquel la persécution avait donné une grande popularité. (Novembre 1774, Isambert, tom. 23, p. 43). Les autres parlements furent également rétablis en 1774 et 1775.

On considérait alors le parlement comme le dernier défenseur des libertés publiques, parce qu'il luttait contre la royauté ; mais il faut bien le reconnaître, vers la fin de la monarchie la magistrature n'est plus à la hauteur des idées qui surgissent partout dans la société. Daguesseau veut commencer à substituer aux coutumes l'unité de législation, par les grandes ordonnances, les corps judiciaires font une foule de réclamations et de remontrances. Ils ne paraissent pas comprendre que l'unité des lois doit amener l'unité nationale, et le président Hénault ne faisait que reproduire les critiques de la magistrature, quand il écrivait : « On ne vit point à Dunkerque comme à Toulouse, à Marseille comme à Paris, en Normandie comme à Saint-Malo, et les bourgeois, la noblesse, les marchands doivent être régis différemment.... Dans l'idée de faire des lois uniformes, quelle règle pourrait-on se prescrire? A quel ordre de citoyens aurait-on égard de préférence aux autres? *Lex est commune præceptum,* il est vrai, mais ce n'est pas pour les hommes en particulier, c'est pour chaque province. »

Après Daguesseau, Turgot veut attaquer la féodalité civile; il fait faire un ouvrage dans ce sens; le parlement de Paris condamne le livre à être brûlé par la main du bourreau (1). Il veut abolir les maîtrises et les jurandes pour réaliser les idées économiques de Quesnay, qui avait pour maxime: laisser passer et laisser faire; les parlements s'associent au parti de la résistance, forcent Turgot à quitter le ministère, et les édits sont révoqués. En 1787, Louis XVI permet aux protestants d'exercer librement leur culte (2), de jouir de tous leurs biens et droits. Grande rumeur à ce commencement de triomphe des idées de sage tolérance. Le 18 janvier 1788, on adresse au roi des

(1) Les inconvénients des droits féodaux. Arrêt du 23 février 1776.

(2) Voir sur cette lutte du parlement, Lavallée, *Histoire des Français,* tom. III, pag. 530

remontrances , et d'Espréménil , au moment de l'enregistrement de l'édit, s'écriait en montrant le Christ, qu'on allait le crucifier une seconde fois.

Pour terminer ce qui concerne la mission des parlements , au point de vue des ordonnances , nous n'avons plus que peu de choses à dire. La lutte était recommencée entre le parlement et le roi, qui l'avait transféré à Troyes en mai 1787 ; en mai 1788, Louis XVI créa une cour unique pour enregistrer les lois communes à tout le royaume. Il rappelle dans le préambule de l'édit les résistances des diverses cours souveraines quant aux impôts, quant à l'état civil des non catholiques, et il conclut : Art. 1er. Avons rétabli et rétablissons notre cour plenière. Les articles 2 à 10 fixent la composition de la cour. Article 11. « A compter du jour de la publication et enregistrement du présent édit, notre cour plenière procédera *seule*, exclusivement à nos cours, *à la vérification, enregistrement* et publication de toutes nos lettres en forme d'ordonnances, édits, déclarations et lettres patentes en matière d'administration et de législation générale et commune à tout le royaume..... » Le parlement protesta , mais inutilement ; on approchait du moment où l'unité allait se faire à tous les points de vue ; un an après, le 3 novembre 1789, l'assemblée nationale déclarait tous les parlements en vacances indéfinies.

Remarquons que la cour plénière avait le droit de remontrances *avant* l'enregistrement, à la condition de les présenter dans les deux mois de la remise des ordonnances.

Pour compléter les notions sur la part que prenaient les corps judiciaires à la création du droit positif, il faut dire un mot des *arrêts de règlements*.

Quand une difficulté se présentait sur l'interprétation d'un point de droit, ou s'il y avait nécessité de faire un règlement pour une circonstance imprévue, les parlements se réunissaient solennellement, toutes chambres appelées en robes rouges. Ils rendaient un arrêt obligatoire pour tous les tribunaux séculiers ou ecclésiastiques du ressort, tant que le roi n'avait pas ordonné autre chose. C'est là ce qu'on appelait les *arrêts de règlements*, « qui ne sont pourtant que provisoires et faits soubs le bon plaisir du Roy, auquel

seul appartient de faire loix absolues et immua-
bles, dit Larocheflavin, dans son livre 13e, chap.
23, § 2. »

Chapitre troisième,

DROIT CANONIQUE.

———

Dans cette période les sources du droit canonique sont les mêmes que dans la précédente.
Mais il y eut en 1563, sous le pape Pie IV, une
révision des décrétales et du décret de Gratien.
La commission nommée finit ses travaux sous le
pontificat de Grégoire XIII, et en 1582 on publia
une édition qui fut déclarée seule authentique.
C'est là ce qu'on a appelé le CORPUS JURIS CA-
NONICI. Depuis cette époque on y a fait diverses
additions. (V. Walter, *Manuel du droit ecclésiastique*, § 115).

Les deux monuments qu'il faut plus spécialement signaler, ce sont : les décisions du concile

de Trente et la fameuse déclaration de 1682, rédigée par le clergé français, ayant Bossuet à sa tête.

Le concile de Trente eut trois sessions en 1545, 1552 et 1562 ; il avait été réuni dans le but d'opérer un rapprochement entre l'église catholique et l'église réformée. Ce résultat ne fut pas obtenu, car les protestants refusèrent de reconnaître les actes du concile.

En France, l'église catholique fit elle-même une distinction ; tout ce qui touche au dogme fut accepté sans aucune résistance; mais la partie intitulée *De reformatione*, qui traitait de la police et de la discipline ecclésiastique, ne fut reçue qu'avec réserves, sans préjudice des droits du roi, des libertés et immunités de l'église gallicane. Il y avait en effet dans cette partie des décisions du concile , beaucoup de dispositions qui donnaient au pouvoir spirituel la suprématie sur le pouvoir temporel. Or , nous savons qu'en France cette doctrine avait été repoussée de tout temps (1).

(1) Voir sur ces points : les libertés de l'église gallicane, par Pierre Pithou, Paris, 1594. Traité des droits et des libertés de l'église gallicane, par Pierre Dupuy, Paris, 1639. Les libertés de l'église gallicane prouvées et commentées par Durand de Maillane.

« Par quoi, disait Dumoulin, les décrets *Triden-*
taux ne peuvent aucunement être reçus sans vio-
ler la majesté royale et sa justice, qui doit être
constante et perpétuelle et sans fouler aux pieds
l'autorité des trois états de France et de la cour
de parlement. »

La déclaration de 1682 eut également pour
objet de repousser les doctrines ultramontaines des
papes. Avec l'agrément de Louis XIV, Bossuet rédigea, en latin, les quatre propositions que voici:
1° Le pape n'a de puissance que sur les choses
spirituelles et non sur les choses temporelles. 2°
Les conciles généraux sont *au-dessus* des papes.
3° Dans l'exercice de sa puissance le pape est soumis à des lois. 4° Les décisions du pape, en matière de foi, ne sont irréformables qu'après que
l'église les a acceptées. Les ultramontains au contraire déclarent : 1° La puissance religieuse supérieure à l'autorité civile. 2° Le pape est infail-
lible en droit. (V. la déclaration dans Isambert,
tom. 19, p. 384). Tout l'épiscopat français adhé-
ra à la déclaration des quatre articles, et le 2 mars
1682, Louis XIV ordonna que cette doctrine fût
enseignée dans toutes les facultés de droit et de

théologie du royaume. « Que dans tous les collé-
« ges et maisons desdites universités où il y aura
« plusieurs professeurs, qu'ils soient séculiers ou
« réguliers , l'un d'eux sera chargé tous les ans
« d'enseigner la doctrine contenue dans ladite
« déclaration. » C'est là ce qui fait de la déclaration des quatre articles, une source du droit canonique pour notre pays, car cette nécessité de
l'enseigner a été répétée sous l'ancienne monarchie, et reproduite depuis la révolution tant dans
la loi du 18 germinal an X , que dans le décret
du 25 février 1810 , qui déclare loi générale de
l'empire l'édit de Louis XIV.

Quand la cour de Rome connut la déclaration
du clergé français , elle commença par la tenir
pour hérétique, puis elle parvint à obtenir du roi
une lettre à la date du 14 septembre 1693, dans
laquelle on lit ceci : « Je suis bien aise de faire
savoir à votre Sainteté que j'ai donné les ordres
nécessaires , afin que les choses contenues dans
mon édit du 2 mars 1682, touchant la déclaration faite par le clergé de France (à quoi les con-
jonctures passées m'avaient obligé), *ne soient pas
observées* , désirant que non – seulement votre

Sainteté soit informée de mes sentiments , mais encore que tout le monde connaisse.... » (Isambert, tom. 19, p. 380). On a soutenu que dans cette lettre Louis XIV était revenu sur la déclaration elle-même ; mais ce n'était point l'idée du roi. Il faisait seulement au pape la concession qu'on n'obligerait plus les professeurs de théologie à enseigner les quatre articles de Bossuet. Le pape Innocent XII ne s'y trompa point, mais son successeur voulut y voir une rétractation complète. Louis XIV l'ayant appris, écrivit à son ambassadeur Latrémouille, pour le charger de dire au pape qu'il n'avait jamais entendu révoquer les maximes fondamentales de l'Etat.

Du reste la cour royale de Paris a décidé, le 3 décembre 1825, que la déclaration de 1682 était encore en vigueur en France (1).

(1.) On raconte que lorsque les archives de Rome furent apportées à Paris, Bonaparte, qui était alors consul, brûla la lettre de Louis XIV, en disant : on ne nous troublera plus avec ses cendres.

SIXIÈME PÉRIODE.

DEPUIS 1789 JUSQU'A LA RÉVOLUTION DE 1848.

Dans cette période nous allons avoir à examiner un assez grand nombre de sources du droit, car dans les soixante-dix années qui se sont écoulées depuis le commencement de la révolution jusqu'à nos jours, on peut compter onze changements de gouvernements. Sous chaque nouveau pouvoir on retrouve bien à peu près les mêmes monuments législatifs, mais leur nom et leur mode de rédaction varie avec les révolutions.

Une remarque à faire, c'est que depuis 1789 jusqu'à 1804, les coutumes ont continué à former le droit commun pour le nord de la France, et le droit Romain celui du midi, sans préjudice des dispositions contenues dans les ordonnances royales qui n'avaient pas été abrogées.

Sans doute les lois promulguées par les diverses assemblées étaient obligatoires dans toute la France, mais elles ne formaient encore que des exceptions à la coutume locale.

Nous allons examiner séparément chacune des périodes.

Chapitre premier.

ASSEMBLÉE NATIONALE (1).

—

Tout le monde connaît l'histoire de la lutte engagée entre les deux pouvoirs qui se trouvèrent en présence après la réunion des états généraux. D'un côté la royauté obligée, par ses embarras financiers, d'avoir recours à la nation, mais lut-

(1) Nous nous abstiendrons de toute appréciation sur les événements de la révolution. Ils ont été admirablement caractérisés au point de vue juridique par M. Laferrière, dans le second volume de l'Histoire du droit français, qu'il a publié en 1838.

tant tantôt ouvertement, tantôt sourdement, pour conserver ses prérogatives ; de l'autre côté une réunion de députés, forts de la conscience de leur droit et qui , à peine constitués , s'emparèrent d'une portion du pouvoir législatif. C'est en effet la lutte entre la royauté et l'assemblée, qui explique comment on trouve, d'abord, en présence les ordonnances du roi et les *décrets* des états généraux ; mais bientôt les ordonnances disparurent et les décrets restèrent seuls.

Les Décrets.

On comprend facilement que dans les premiers temps l'assemblée ait hésité sur la forme des décrets, sur ceux qui devaient ou non être soumis à l'approbation du roi ; aussi trouve-t-on sur ce point des décisions assez nombreuses dans les recueils de lois.

Le 29 juillet 1789 l'assemblée adopte son règlement : le chapitre quatrième est consacré aux *motions*. En voici le résumé : « Toute proposition devait être lue et motivée par son auteur ; il fallait qu'elle fût appuyée par *deux* membres pour être admise a la discussion. Alors on décidait s'il y avait lieu à renvoi dans les bureaux ou à délibération immédiate. Dans les bureaux on examinait, sans rien voter. Enfin la motion était rapportée en assemblée générale, et c'était à ce moment qu'on l'acceptait ou qu'on la rejetait définitivement à la majorité des voix. Cependant cette adoption ne suffisait pas pour constituer un décret obligatoire, il fallait encore l'approbation royale : *la sanction*.

Le roi avait le droit d'accepter le décret ou de le refuser (décret du 9 nov. 1789). C'est là ce qu'on avait appelé le droit de *veto*. Le consentement du roi était exprimé par cette formule : *Le roi consent et fera exécuter*. Le refus suspensif était exprimé par celle-ci : *Le roi examinera....* Les décrets sanctionnés par le roi portaient le nom de lois (1).

Ce fut dans le décret des 13-17 juin 1791 (2), que les fonctions du pouvoir législatif et ses relations avec le roi furent déterminées. En résumé :

(1) Voir au *Moniteur* du 14 septembre 1789, le rapport de Necker, au roi, sur le veto suspensif.

(2) On sait que la première date indique le jour du vote, et la seconde le jour de la sanction.

Le pouvoir législatif réside dans l'assemblée nationale (art. 1) ; elle a exclusivement le droit de proposer des lois : le roi peut seulement l'engager à prendre un objet en considération (art. 73). Tous les projets, sauf urgence, sont soumis à *trois* délibérations de huit jours en huit jours (art. 56 à 67). Un projet rejeté ne peut plus être représenté dans la même année (art. 67). Les actes du corps législatif ne sont considérés comme lois que s'ils ont été sanctionnés par le roi (art. 75), qui peut refuser son consentement (art. 76). Ce refus est seulement *suspensif*, et il cesse à la seconde législature qui suit celle dans laquelle on aura proposé la loi (art. 79, 80, 81).

Ce même décret reconnaissait à l'assemblée un pouvoir absolu dans les cas suivants : police intérieure de l'assemblée ; vérification des pouvoirs des députés ; suspension, destitution et dissolution : des procureurs généraux syndics, des corps administratifs et de leurs directoires ; mise en accusation des ministres, etc. Alors le consentement du roi n'était même pas demandé.

La constitution des 3-14 septembre 1791, ch. 3, sect. 2 et 3, ne fait que répéter les dispositions ci-dessus énoncées. On ajoute seulement que le roi est tenu d'exprimer son consentement ou son refus sur chaque décret dans *les deux mois* de la présentation.

Le roi n'a plus que la mission de promulguer les décisions de l'assemblée. Voici le principe formulé dans le chap. 4ᵉ, sect. 1, art. 6 : « Le pouvoir exécutif ne peut faire aucune loi, même provisoire, mais seulement des proclamations conformes aux lois pour en ordonner ou rappeler l'exécution. »

Chapitre deuxième.

ASSEMBLÉE LÉGISLATIVE.

—

L'assemblée législative fit les lois conformément à la constitution de 1791 ; mais le 2 mars 1792, elle décréta : « Le chef du pouvoir exécutif est « provisoirement suspendu de ses fonctions jus- « qu'à ce que la convention nationale ait pro- « noncé sur les mesures qu'elle croira devoir « adopter pour assurer la souveraineté du peu- « ple et le règne de la liberté et de l'égalité. » A partir de ce moment la sanction royale ne fut plus demandée ; l'assemblée eut seule le pouvoir législatif. Tous ses décrets devaient être publiés sans préambule et suivis du mandement accou- tumé, signé par *le ministre de la justice*, au nom de la nation (V. Duvergier, *Collection des lois*, tom. 4, p. 293).

Chapitre troisième.

LA CONVENTION.

—

Le 22 septembre 1792, la convention nationale proclama à l'unanimité, que la royauté était abolie en France. Tous les décrets eurent force de loi, par cela seul qu'ils avaient été votés par l'assemblée. Les expéditions et les imprimés devaient mentionner la signature des présidents et commissaires de la convention (1).

Dans la constitution du 24 juin 1793, on retrouve le nom de *loi* en opposition avec celui de *décret*.

La loi comprend toutes les décisions générales touchant à l'ordre civil et criminel ; à l'administration des revenus de la République, aux domaines nationaux, aux contributions, au titre des

____

(1) Voir les décrets du 24 septembre 1792 et du 2 février 1793.

monnaies , aux déclarations de guerre , à l'instruction publique, etc. (art. 54).

Les décrets sont les actes concernant : l'établissement annuel des forces de terre et de mer ; la permission ou la prohibition du passage des troupes étrangères sur le territoire de la République; la défense du territoire ; la nomination et la destitution des commandants en chef des armées, etc. (art. 55).

Les projets de lois arrêtés, provisoirement, par le corps législatif, sont envoyés aux communes. Quarante jours après l'envoi de la loi proposée si, dans la moitié des départements plus un, le dixième des assemblées primaires de chacun d'eux, n'a pas réclamé, le projet est accepté et devient *loi*. S'il y a réclamation, le corps législatif convoque les assemblées primaires (art. 56 à 60).

Le 19 vendémiaire an II (1793), la convention suspendit la constitution et déclara le gouvernement révolutionnaire jusqu'à la paix. Elle créa un comité de salut public chargé de surveiller le conseil exécutif provisoire, les ministres, les généraux et les corps constitués, avec obligation de présenter un rapport tous les huit jours à la convention. A partir de ce moment il n'y a plus que des décrets qui ne peuvent être faits que par la convention elle-même (1).

(1) Pour l'organisation de ce gouvernement, voir le décret des 14-16 frimaire an II. Les ARRÊTÉS des représentants du peuple en mission ont eu force de loi depuis le décret des 17-23 juillet 1793, portant que nulle autorité, excepté la Convention, ne peut suspendre l'exécution de ces actes. Il en est de même des ARRÊTÉS pris par les divers comités de la Convention. Sous le Directoire la loi du 8 germinal an IV porte : « Art. 1er. Les réclamations relatives aux arrêtés des comités de la Convention nationale, seront adressées immédiatement au corps législatif. Art. 4. Le délai pour se pourvoir contre lesdits arrêtés, est fixé à 6 mois à partir du jour de la publication de la présente. »

Chapitre quatrième.

LE DIRECTOIRE ET LA CONSTITUTION DU 5 FRUCTIDOR AN III (22 AOUT 1795).

—

A l'époque du directoire nous voyons se réaliser un fait qui a une grande importance au point de vue politique et législatif.

Sous la monarchie et depuis 1789, il n'y avait jamais eu de limites bien déterminées entre le pouvoir législatif et l'administration. Pendant les premiers temps de la constituante, on rencontrait bien d'un côté les ordonnances du roi et de l'autre les décrets de l'assemblée. Mais on sait comment les représentants exercèrent souvent tout à la fois le pouvoir législatif et le pouvoir simplement réglementaire. Sous la convention, c'est l'assemblée qui réunit toutes les attributions dans ses mains et qui les exerce soit directement, soit par ses comités.

Lorsque l'on arrive à la constitution du 5 fructidor an III, le système de la séparation des pouvoirs se manifeste d'une manière beaucoup plus nette. D'un côté, il y a le pouvoir législatif composé du conseil des cinq — cents et du conseil des anciens ; de l'autre, le pouvoir exécutif délégué à un directoire de cinq membres , nommés par le corps législatif remplissant alors les fonctions électorales au nom de la nation (art. 132). De là deux sources bien distinctes du droit positif : les lois et les arrêtés réglementaires du directoire.

Le corps législatif ne peut exercer par lui-même ni par ses délégués le pouvoir exécutif, ni le pouvoir judiciaire.

Les lois sont faites par les conseils, tous deux électifs et renouvelés par tiers chaque année (art. 53).

L'initiative appartient au conseil des cinq-cents , qui ne peut délibérer s'il n'y a deux cents membres présents (art. 75 et 76). Les propositions sont soumises aux formes suivantes : On fait *trois* lectures à des intervalles qui ne peuvent être moindres de *dix* jours ; la discussion est ouverte après chaque lecture , et néanmoins après la première ou la seconde, le conseil des cinq-cents peut déclarer qu'il y a lieu à l'ajournement ou qu'il n'y a pas lieu à délibérer ; toute proposition doit être imprimée et distribuée *deux* jours avant la seconde lecture ; on décide après la troisième s'il y a lieu à l'ajournement. Une proposition rejetée ne peut être reproduite qu'après *une année* révolue (art. 77 et 78). En cas d'urgence spécialement déclarée par un vote, on est dispensé des trois lectures (art. 81). La proposition adoptée par les cinq-cents est appelée *résolution*.

Le conseil des anciens, composé de 250 membres, accepte ou repousse les résolutions de l'autre assemblée. Il doit rejeter toutes celles qui n'ont pas été votées conformément à la constitution ; il peut également réformer les déclarations d'urgence. Si la forme est régulière, le conseil des anciens, au nombre de 126 membres au moins, délibère sur le fond. Il est fait *trois* lectures de la résolution, à des intervalles qui doivent être de *cinq* jours, sauf urgence. Le projet est imprimé et distribué *deux* jours avant la seconde lecture. On repousse la résolution par cette formule : *le conseil des anciens ne peut adopter*. On l'accepte

en déclarant : *le conseil des anciens approuve...*
La résolution prend alors le nom de LOI. Elle est envoyée le même jour au conseil des cinq - cents et au directoire exécutif (V. art. 85 à 101).

Le directoire fait sceller et publier les lois dans les *deux* jours après leur réception ; la constitution déclare que le pouvoir exécutif ne peut point promulguer les lois dont le préambule n'atteste pas l'observation des formes prescrites. Sa responsabilité à cet égard dure six années (art. 128 à 134).

Le pouvoir réglementaire du directoire s'exerce par des ARRÊTÉS.

Ce mot avait déjà été employé dans divers sens. Avant 1789, les parlements prenaient quelquefois des arrêtés exécutoires, même sans l'approbation du roi. L'assemblée constituante donnait aussi cette qualification aux décisions relatives à son organisation intérieure et à ses attributions. Ainsi, le 10 juin 1789 , *arrêté* relatif à la nécessité et aux moyens de se constituer. Le 20 juin 1789 , *arrêté* contre toute suspension ou interruption de l'assemblée, etc. etc. Sous la convention, les députés envoyés en mission dans les départements prenaient des *arrêtés*. Il en était de même des comités.

Depuis la constitution du 5 fructidor an III, on ne donne plus ce nom qu'aux actes du pouvoir exécutif agissant par voie réglementaire, ou dans l'exercice de ses fonctions. Ainsi les ministres sont nommés par des arrêtés ; ainsi c'est par arrêté que le directoire détermine le mode de publication des lois (V. 12 brumaire an III) ; qu'il rappelle la prohibition d'introduire les marchandises venant des pays avec lesquels la France est en guerre (V. 15 vendémiaire an V); etc. En un mot sous le directoire et pendant le consulat, les arrêtés sont, ce que les ordonnances royales seront plus tard sous la monarchie constitutionnelle.

Le 28 ventôse an IV, le directoire décida que tous ses arrêtés seraient terminés par cette formule : « Le présent arrêté sera imprimé au bulletin des lois. » Ou bien, « Le présent arrêté ne sera pas imprimé au bulletin des lois. » On comprend, en effet, que suivant l'étendue de leur application, les actes du pouvoir exécutif ont besoin ou peuvent se passer d'une promulgation semblable à celle des lois.

Chapitre cinquième.

LE CONSULAT ET L'EMPIRE.

—

Ici , comme le disaient les consuls dans leur proclamation au peuple français; le 24 frimaire an VIII , la révolution est finie ; on revient aux idées monarchiques. Or, quels vont être les résultats acquis ? Quand la révolution commença., en 1789, on voulait réaliser deux principes : la liberté et l'égalité aussi bien dans le droit politique que dans le droit civil. Pour arriver à ce but, on avait tout à reconstituer ; il fallait de tant d'éléments divers et incohérents faire une société homogène ; et de même que dans les expériences chimiques, certains corps ne peuvent se combiner sans entrer en ébulition et sans faire explosion , de même, peut-être, la fusion des divers ordres restés distincts, pendant tant de siècles., ne pouvait-elle se faire qu'au milieu des agitations fébriles et des orages soit de la législative , soit de la

convention. Il était impossible de créer des institutions durables pendant ce laborieux enfante-
ment de la société moderne ; mais quand arriva
Bonaparte, le grand œuvre était achevé, la nation
était une ; il ne restait plus qu'à prendre dans
toutes les idées émises, dans toutes les lois promulguées, les vrais principes de liberté et d'égalité pour en composer une législation en harmonie
avec les instincts et les besoins nouveaux.

Cette législation aurait dû comprendre l'ordre
politique et l'ordre civil, mais il n'en fut pas ainsi:
la liberté , l'égalité civile furent données à la nation qui les a toujours conservées depuis. Quant à
l'égalité et à la liberté politiques , la France avait
encore à passer par bien des révolutions avant d'en
faire la conquête d'une manière durable. Mais
tel était le besoin d'ordre, telle était la lassitude,
qu'on éprouvait de ces fluctuations et de ces réac-
tions continuelles, qu'on accepta avec enthousiasme un gouvernement qui donnait à l'intérieur la
tranquillité , à l'extérieur la gloire militaire , en
échange de la liberté politique qu'il confisquait
entièrement à son profit.

Au point de vue de l'histoire externe du droit,

nous trouvons à cette époque : *a*. Les lois. *b*. Les arrêtés du pouvoir exécutif, qui deviennent bientôt les décrets impériaux. *c*. Les avis du conseil d'Etat. *d*. Les sénatus consultes organiques. Tout cela échelonné dans ce qu'on peut appeler à la rigueur, quatre périodes. En effet, à mesure que l'on revient plus franchement au pouvoir monarchique, les institutions législatives se modifient, et l'on finit par arriver à l'absolutisme le plus complet.

Nous allons brièvement exposer les principes qui se rattachent à notre plan,

A. *Constitution du* **22** *frimaire an VIII.*

En tête de la constitution on rencontre le SÉNAT CONSERVATEUR, qui doit être composé de 80 membres inamovibles et à vie. Les premiers sénateurs furent nommés par quatre personnes : Sieyès, et Roger Ducos, consuls provisoires sortants, Cambacérès et Lebrun, deux des consuls entrants. Ces quatre citoyens, porte l'article **24** de la constitution, nomment la majorité du sénat, qui se complète ensuite, *en se recrutant lui-même* jusqu'au nombre de 60 membres (1). Les autres sénateurs doivent être élus, deux par année, sur une liste de trois candidats, présentés: l'un par le premier consul, le second par le tribunat et le troisième par le corps législatif.

Le sénat participe déjà à la confection des lois en ce qu'il est chargé d'élire, sur les listes de confiance dressées par les électeurs des départements (art. 9) : les consuls, les tribuns, les législateurs, etc. (art. 16). De plus, il doit maintenir ou annuler tous les actes qui lui sont signalés comme inconstitutionnels (art. 21).

Le gouvernement est confié à TROIS CONSULS, nommés pour *dix* ans et rééligibles. En réalité le pouvoir exécutif est tout entre les mains du premier consul Bonaparte; les deux autres n'ont que voix consultative dans certains cas.

Voici comment on fait la loi : la *proposition*,

____

(1) Le sénatus-consulte du 16 thermidor an x, art. 63, donne au premier consul le droit de nommer des sénateurs directement. Cela est répété dans le sénatus-consulte du 28 floréal an xii, art. 57. De plus, à ce moment certaines dignités font entrer de droit dans le sénat.

ce qu'on appelle maintenant l'initiative parlementaire , appartient au pouvoir exécutif (art. 44). Les projets sont rédigés par un conseil d'Etat, sous la direction des consuls. Parmi les membres de ce conseil, le gouvernement choisit *trois* orateurs au plus , chargés de défendre la loi devant le corps législatif (art. 52 , 53). Les projets , rédigés en articles sont d'abord lus au corps législatif (loi du 18 nivôse an VIII).

LE CORPS LÉGISLATIF est composé de 300 membres élus par le sénat sur les listes de confiance , et renouvelés par *cinquième* tous les ans. Il doit s'y trouver au moins un citoyen de chaque département de la république. Il se réunit tous les ans, *de plein droit*, le 1ᵉʳ frimaire ; la session dure quatre mois ; le gouvernement peut le convoquer extraordinairement (Constitut. art. 31 à 37).

L'orateur du conseil d'Etat, après l'exposé des motifs, dépose trois exemplaires du projet de loi : l'un, lui est rendu avec la mention de la proposition ; le second, est déposé aux archives du corps législatif ; le troisième, est envoyé, sans délai, au tribunat (loi du 18 nivôse an VIII, art. 1 à 7).

LE TRIBUNAT, composé de cent membres choisis

par le sénat et renouvelé tous les ans par *cinquiè-me*, est chargé de *discuter* les projets de lois , et d'en *voter* l'adoption ou le rejet. Il envoie *trois* orateurs, pris dans son sein, par lesquels les motifs du *vœu* qu'il a exprimé sur chacun de ces projets sont exposés et défendus devant le corps législatif. Il a également la mission de déférer au sénat, pour cause d'inconstitutionnalité, les actes du corps législatif et du gouvernement. Il exprime son *vœu* sur les lois faites ou à faire (art. 25 à 29 de la constitut.).

Au jour indiqué par le gouvernement, les orateurs du tribunat font connaître son vœu ; s'il demande un délai nouveau, le corps législatif l'accorde ou le refuse après avoir entendu les orateurs du gouvernement. Le silence du tribunat est considéré comme une acceptation du projet.

La discussion consiste dans les discours des orateurs du gouvernement et du tribunat ; le corps législatif vote au scrutin secret, *sans discuter* lui-même. Chaque membre , sur l'appel nominal, dépose dans l'urne une boule blanche pour l'adoption de la loi, une boule noire pour son rejet (l. 19 mess. an VIII, art. 6 à 14. Const. art. 34).

Remarquons que le gouvernement a toujours le droit de retirer les projets et de les reproduire modifiés.

La promulgation de la loi est faite par le premier consul, le dixième jour après l'émission du vote, à moins que dans ce délai il n'y ait eu recours au sénat pour cause d'inconstitutionnalité.

La constitution (art. 44), donne au gouvernement le droit de faire des *règlements* nécessaires pour assurer l'exécution des lois. Lorsqu'il s'agit d'actes ayant une certaine généralité dans leur objet et contenant des dispositions de prévoyance pour l'avenir, on les appelle *règlements d'administration publique*. Les projets sont alors rédigés aussi par le conseil d'Etat (art. 52 de la const.) Les autres actes du pouvoir exécutif sont encore appelés *arrêtés ;* sous l'empire ils prendront le nom de *décrets*. Un règlement du 5 nivôse an VIII détermine la composition du conseil d'Etat et la manière dont il doit procéder.

Il y a précisément dans cet arrêté réglementaire un article 11 , qui contient une nouvelle source du droit positif. Voici son texte : « Le conseil d'Etat *développe* le sens des lois, sur le renvoi qui lui est fait par les consuls, des questions qui leur ont été présentées... » C'est de là que sont venus les AVIS DU CONSEIL D'ÉTAT, que l'on trouve en si grand nombre au bulletin des lois (1). Il est évident que cet article a donné au conseil d'Etat une autorité législative que ne lui conféraient ni la constitution, ni les principes généraux ; mais en fait, sous l'empire, ces avis avaient force de loi. Nous verrons plus tard comment on a dérogé à cette règle. Notons que la loi des 16-26 septembre 1807, qui détermine le cas où deux arrêts de la cour de cassation, peuvent donner lieu à l'interprétation de la loi, renvoie expressément au conseil d'Etat : « Cette interprétation est donnée dans la forme *des règlements d'administration publique.* »

B. *Sénatus-consulte du 16 thermidor an X.*

Les consuls sont nommés *à vie.* Le premier

---

(1) Nous citerons à peu près au hasard : Avis du 16 février 1807, sur l'article 1041 du code de procédure civile. 18 août 1807, avis sur l'article 545 du code Napoléon. Avis du 17 mai 1809, sur la vente des navires saisis, art. 204 du code de commerce, etc. etc.

consul a même le droit de déposer aux archives, son vœu sur la nomination de son successeur , pour être présenté au sénat après sa mort (art. 39 à 50).

Le sénat qui n'avait pas encore de mission législative directe , en reçoit une. Il règle par des SÉNATUS-CONSULTES ORGANIQUES tout ce qui n'a pas été prévu par la constitution et qui est nécessaire à sa marche. Il explique les articles qui donnent lieu à différentes explications ; il dissout le corps législatif et le tribunat (art. 54 , §§ 2 , 3 et 5).

Les sénatus-consultes organiques ne peuvent être délibérés par le sénat que sur l'initiative du gouvernement ; ils sont préparés dans un conseil privé composé des consuls, de deux ministres, de deux sénateurs , de deux conseillers d'Etat et de deux grands officiers de la légion d'honneur. Pour leur adoption au sénat, il faut la majorité des deux tiers des membres (art. 54 à 57).

Le corps législatif ne se réunit plus de plein droit ; il est convoqué, ajourné ou prorogé par le gouvernement. Chaque département est représenté par un nombre de députés proportionnel à sa population (art. 69 à 75).

Le tribunat est divisé en sections ; à partir de l'an XIII il doit être réduit à 50 membres (art. 76-77). Le sénat désignera les 20 membres qui sortiront en l'an XI ; les 20 qui sortiront en l'an XII ; les 10 qui sortiront en l'an XIII (S.-C. , 8 fruct. an x). Après ce délai, moitié des cinquante tribuns restants devaient être renouvelés tous les trois ans, et le sénat avait encore à désigner les vingt-cinq membres sortant les premiers (art. 5).

C. *Sénatus-Consulte du 28 floréal an XII.*

Napoléon Bonaparte est proclamé *Empereur*... Au point de vue de la rédaction des lois, le sénat conserve ses prérogatives. L'article 69 ajoute que les projets de lois décrétés par le corps législatif, sont soumis le jour même de leur adoption au sénat et déposés dans ses archives. Toute décision du corps législatif peut être dénoncée au sénat *par un sénateur* (art. 70). Le sénat, dans les six jours qui suivent l'adoption d'un projet de loi, délibérant sur le rapport d'une commission spéciale, et après avoir entendu *trois* lectures, dans trois séances à des jours différents, peut exprimer l'opinion qu'il n'y a pas lieu à promulguer la loi.

Ce vote est transmis à l'empereur, qui, *après avoir entendu le conseil d'Etat*, déclare par un décret son adhésion à la délibération négative du sénat, ou bien fait promulguer la loi (art. 71-72). Mais alors la promulgation doit avoir lieu dans le délai de dix jours, sinon il faut que la loi soit de nouveau adoptée par le corps législatif (art. 73).

Le corps législatif, toujours nommé par le sénat sur les listes de confiance, délibère en séance ordinaire ou en comités généraux. Les comités se forment, pour la discussion des lois, sur la demande des orateurs du conseil d'Etat spécialement autorisés à cet effet ; aucune délibération ne peut être prise dans ces comités : on se contente de discuter. Les votes ont toujours lieu dans les séances ordinaires, composées des membres du corps législatif, des orateurs du conseil d'Etat et de ceux du tribunat (art. 79 à 86).

Le tribunat, divisé en trois sections, de législation, de l'intérieur et des finances, ne peut jamais discuter les lois en assemblée générale. Chaque section examine à part les projets transmis par le corps législatif. Deux orateurs sont chargés d'aller développer et défendre le vœu de la section (art. 88 à 96).

Il faut remarquer l'article 95 de ce sénatus-consulte : « Lorsque les sections respectives du conseil d'Etat et du tribunat demandent à se réunir, *les conférences* ont lieu sous la présidence de l'archi-chancelier de l'empire ou de l'archi-trésorier , suivant la nature des objets à examiner. »

D. *Loi du* 19 *août* 1807.

Par cette loi le tribunat est supprimé, les membres qui devaient rester en fonctions jusqu'en 1815 , passent dans le corps législatif jusqu'à cette époque.

Les trois sections du tribunat, chargées de discuter les projets de lois, sont remplacées par trois commissions de *sept* membres du corps législatif, nommées au scrutin secret. L'empereur choisit le président de chaque commission dans le corps législatif. La commission de législation civile et criminelle, doit comprendre autant que possible quatre jurisconsultes ; les deux autres sont appelées, commission d'administration intérieure et commission des finances.

En cas de discordance d'opinions entre la section du conseil d'état qui a rédigé le projet de loi, et la commission compétente du corps législatif, l'une et l'autre se réuniront en conférences sous la présidence de l'archi-chancelier ou de l'archi-trésorier, suivant la nature des lois.

Tel est le mécanisme qui aurait dû être employé sous l'empire pour faire les lois ; en fait on ne s'en servit guère que pour la rédaction des codes et dans d'autres circonstances assez rares (1); les décrets impériaux, les avis du conseil d'Etat, remplacèrent à peu près toutes les autres sources du droit positif. Cette manière de procéder était inconstitutionnelle. Nous examinerons plus loin, quelle est la force obligatoire de ces actes.

Avant de passer à la restauration, nous devons nous occuper de certains monuments législatifs, qui ont la plus grande importance pour notre pays; nous voulons parler de la rédaction de nos divers codes.

(1) En 1812 on ne réunit pas le corps législatif.

Chapitre sixième.

RÉDACTION DES CODES ACTUELLEMENT EN VIGUEUR EN FRANCE (1).

—

Nous avons déjà dit que l'unité de législation avait toujours été la préoccupation des hommes de génie, appelés à gouverner les états. César, Charlemagne, Louis XI, Richelieu l'avaient désirée sans pouvoir la réaliser ; c'était a la période commencée avec la révolution de 1789, qu'il appartenait de voir enfin s'accomplir ce progrès si remarquable.

A. *Code civil appelé depuis Code Napoléon.*

Dans la séance du 5 juillet 1790 , l'assemblée nationale décréta, que toutes les lois civiles de la France seraient revues et réformées ; qu'il serait fait un code général de lois, simples, claires, faciles et appropriées à la constitution.

(1) V. Locré, *Législation de la France,* tom. 1, pag. 69 à 241.

Cette disposition fut répétée dans la constitution des 3-14 septembre 1791 , titre 1 : « Il sera fait « un code de lois civiles communes à tout le « royaume. » Mais il fallait pourvoir au plus pressé, et avant de réaliser cette promesse on s'occupa de codifier notre législation criminelle. En effet, si dans notre droit civil il y avait bien des incertitudes à faire disparaître, bien des lacunes à combler, on n'y trouvait pas cette série de dispositions cruellement absurdes , qui fait de nos anciennes lois pénales un sujet d'étonnement et de tristesse pour nos historiens modernes. Les 16-29 septembre 1791 on promulgua un code d'instruction criminelle, et les 27 septembre , 6 octobre 1791 , un code pénal, qui contenaient sans doute encore bien des imperfections , mais qui posèrent cependant les bases vraies de la pénalité en faisant disparaître l'arbitraire des peines et en les proportionnant à la gravité des délits.

L'assemblée législative créa dans son sein un comité de législation civile et criminelle. Le 16 octobre 1791, elle décida qu'il serait rédigé une adresse à tous les citoyens français et étrangers pour les inviter à communiquer au corps législatif les résultats de leurs méditations sur la réforme des lois civiles et le perfectionnement de l'instruction publique.

Ce fut tout ce qu'elle fit.

La convention, au milieu de ses préoccupations politiques, n'abandonna pas l'idée de la codification. Le 24 juin 1793, elle déclara dans la constitution, art. 85 : « Le code des lois civiles et criminelles est *uniforme* pour toute la république. » Le lendemain elle donna un mois à son comité de législation pour lui présenter un projet de code civil (1).

Le 7 août 1793, Cambacérès disait à la convention : « Vous avez chargé votre comité de législation de vous présenter dans le délai d'un mois un code de lois civiles. Le délai n'est pas encore expiré et le travail du comité est terminé (on applaudit). Il m'a chargé de vous demander de fixer le jour où vous voudrez entendre la lecture de ce travail. *(Plusieurs voix :* demain, demain). La convention ajourne à vendredi la lecture du rap-

____

(1) Pour les détails de cet historique, voir la préface de Fenet, *Recueil des travaux préparatoires du code civil.*

port du comité de législation. » Cette lecture eut lieu le 9 août et la discussion commença le 22 du même mois. C'est là ce qu'on appelle le premier projet de Cambacérès (V. Fenet, tom. 1, p. 17). Après vingt-six séances consacrées à l'examen du projet, la convention en ordonna l'impression ; puis, le 3 novembre, elle créa une commission de six membres, chargée de retoucher le travail présenté par le comité de législation ; on le trouvait trop compliqué.

De cette révision sortit le second projet de Cambacérès (V. Fenet, tom. 1, p. 110). Cette fois ce n'était plus un code moderne, c'était un recueil d'axiomes écrits en style lapidaire. Le projet tout entier avait 297 articles. Pour donner quelques exemples : la tutelle, la condition des mineurs, l'émancipation comprenaient *douze* articles ; le mariage, les droits des époux et le divorce *vingt-un* articles ; les successions, la représentation, le bénéfice d'inventaire, les rapports *vingt-cinq* articles.... Ce n'était pas autre chose qu'une table des matières ; aussi la convention, après en avoir entendu lecture le 23 fructidor an II, et commencé la discussion le 16 frimaire an III, renvoya-t-elle de nouveau le projet au comité de législation.

Avant que l'on eût repris la discussion, le directoire arriva et la codification du droit civil fut encore interrompue.

En l'an IV les travaux recommencèrent. Une commission, nommée dans le conseil des cinq-cents, annonça, le 24 prairial an IV, qu'elle était prête à lire son projet. Cambacérès, porte le *Moniteur*, fait arrêter l'impression d'un projet de code civil (1). La discussion qui devait commencer le 15 thermidor, fut interrompue pendant assez longtemps. On décida qu'il fallait d'abord avoir l'avis de la commission, nommée pour fixer l'ordre méthodique dans lequel on devait voter les divers projets contenus dans le code civil. Cette commission de la classification, fut elle — même supprimée le 13 messidor an VI, et remplacée par six commissions à l'une desquelles on confia spécialement le soin de mettre en ordre toutes les lois qui devaient composer le code. Un an s'écoula sans que l'on s'occupât de cette question. Une motion d'ordre, faite au conseil des cinq-cents, le 8 prairial an VII, avait amené la reconstitution

(1) C'est le troisième projet de Cambacérès. Voir Fenet, tom. I, p. 178.

de la commission ; plusieurs titres étaient prêts à être soumis à l'assemblée, lorsque survinrent les événements de brumaire an VIII.

Pendant le temps qui s'écoula depuis l'établissement de la commission consulaire provisoire, jusqu'à l'acceptation de la constitution du 22 frimaire, un projet fut présenté par M. Jacqueminot (V. Fenet, tom. 1, p. 333) ; mais on ne le soumit point à la discussion. Enfin lorsque Bonaparte fut à la tête de la république, il voulut que l'on reprît les travaux du code civil.

Le 24 thermidor an VIII il fit paraître l'arrêté suivant :

Art. 1er. Le ministre de la justice réunira dans la maison du ministère : MM. Tronchet, président du tribunal de cassation, Bigot Préameneu, commissaire du gouvernement près ce tribunal, et Portalis, commissaire au conseil des prises, pour y tenir des conférences sur le code civil.

Art. 2. Il appellera à ces conférences M. Malleville, membre du tribunal de cassation, lequel remplira les fonctions de secrétaire rédacteur.

Art. 6. Ce travail sera terminé dans la dernière décade de brumaire an IX, et présenté à cette époque aux consuls par le ministre de la justice.

Art. 7. MM. Tronchet, Bigot-Préameneu et Portalis assisteront aux séances du conseil d'Etat dans lesquelles la discussion du code civil aura lieu.

La volonté de Bonaparte fut accomplie. « A « force de travail, dit M. Malleville, nous par-« vînmes à faire un code civil en *quatre* mois; il « fut achevé d'imprimer le 1er pluviôse an IX. »

Le gouvernement soumit cette première rédaction à l'examen du tribunal de cassation et des tribunaux d'appel de France. Presque tous, envoyèrent des observations qui ont amené de grandes améliorations dans le code. Ainsi, le titre de la transaction a été admis sur les observations du tribunal de cassation (V. Fenet, tom. 2, p. 743). Il en a été de même pour l'antichrèse et surtout pour le régime dotal, auquel on avait consacré seulement un ou deux articles dans le projet concernant les contrats de mariage.

Quand cela fut terminé, voici la marche qu'on suivit : le comité de législation du conseil d'Etat présentait un projet qui était discuté en assemblée générale, sous la présidence de Napoléon ou de l'un des consuls ; on arrivait ainsi à une rédaction définitive, toujours portée au 1er consul, qui était libre de la modifier avant de l'envoyer au corps législatif.

Nous savons comment on procédait alors; après le discours de l'orateur du gouvernement, une expédition était transmise au tribunat, qui discutait et émettait un vœu d'adoption ou de rejet (V. suprà, pag. 202). Or, à cette époque, il y avait dans le tribunat une fraction assez forte opposée au premier consul. Elle profita des critiques que méritait le premier titre du code civil, pour en proposer le rejet, et le corps législatif suivit cet avis le 24 frimaire an x. Le deuxième projet, sur la jouissance et la privation des droits civils, avait également été l'objet d'un vœu négatif de la part du tribunat le 11 nivôse an x. Dès que Bonaparte vit la tournure que prenait ladiscussio n, il retira le projet par un message ainsi conçu :

Les consuls de la République au corps législatif:

« Législateurs, le gouvernement a arrêté de re-
« tirer les projets de lois du code civil. C'est avec
« peine qu'il se trouve obligé de remettre à une
« autre époque les lois attendues avec intérêt par
« la nation, mais il s'est convaincu que le temps
« n'est pas venu où l'on portera dans ces gran-
« des discussions le calme et l'unité d'intention
« qu'elles demandent. »

10

Le tribunat ordonna l'insertion de ce message au procès-verbal et la discussion fut interrompue. Pendant cet intervalle Bonaparte organisa les *communications officieuses* au tribunat par l'arrêté du 18 germinal an x. A partir de cette époque les projets du Code furent toujours adressés au tribunal, section de législation, et quand il y avait lieu à amendements, nous savons déjà que les difficultés étaient débattues et aplanies dans une conférence présidée par l'archi - chancelier. Nous avons vu aussi comment Bonaparte, après avoir d'abord réduit le tribunat à 50 membres, s'en débarrassa définitivement en 1807.

La discussion fut reprise au tribunat le 19 messidor an x, et à partir de ce moment l'on vota rapidement les trente titres du code civil, qui furent l'objet de trente-six lois différentes, depuis le 14 ventôse an xi jusqu'au 15 ventôse an xii (1).

Après l'adoption de tous les titres, le premier consul chargea la section de législation du conseil d'Etat de présenter un projet pour classer définitivement toutes les matières sous une seule série

(1) A mesure qu'on votait chaque loi elle était promulguée et devenait obligatoire.

de numéros ; c'est ce qui fut réalisé dans la loi du 30 ventôse an XII (21 mars 1804).

Il faut remarquer surtout les articles 4, 5, 6 et 7 de cette loi.

Art. 4. Le code civil sera divisé en un titre préliminaire et trois livres....

Art. 5. Il n'y aura pour tous les articles du code civil qu'une seule série de numéros.

Art. 6. La disposition de l'article premier n'empêche pas que chacune des lois qui y sont énoncées n'ait son exécution du jour qu'elle a dû l'avoir en vertu de sa promulgation particulière.

Art. 7. A compter du jour où ces lois sont obligatoires, *les lois romaines, les ordonnances, les coutumes générales ou locales, les statuts, les règlements,* cessent d'avoir force de loi générale ou particulière *dans les matières qui sont l'objet desdites lois composant le présent code.*

La fin de cet article a une très-grande importance, puisqu'il en résulte que pour tous les cas non prévus par le Code, il faut recourir aux sources de l'ancien droit positif ; ainsi, pour en donner deux exemples, c'est dans les lois antérieures qu'il faut aller chercher toutes les règles concernant le *domaine congéable* ou *l'emphytéose*, puisque le Code n'en a point parlé.

Depuis 1804, le code civil a subi divers remaniements partiels.

D'abord, lorsque l'empire eut succédé au consulat, on fit une nouvelle édition, en vertu de la loi du 3 septembre 1807, pour mettre le langage en harmonie avec l'organisation politique ; le premier consul devint l'empereur ; le gouvernement, la république, la nation, sont appelés l'empire, l'état, etc. Les procureurs impériaux remplacèrent les commissaires du gouvernement....

Le changement le plus important, opéré à ce moment, concerne le nom qu'on doit employer à l'avenir ; on ne dira plus le code civil des Français, mais bien le CODE NAPOLÉON, et c'est justice, puisqu'il avait fallu la volonté énergique de l'empereur pour arriver à le faire rédiger.

M. Bigot-Préameneu, rapporteur de la loi de 1807, donnait une raison assez curieuse pour justifier cette substitution de l'intitulé nouveau au titre ancien : « Le titre de code civil des Français, suffisait, disait – il, lorsque son exécution était bornée aux limites de l'empire ; mais lorsqu'il s'est propagé chez plusieurs autres peuples, il a été nécessaire qu'il portât le titre propre à caractériser la loi de chaque pays. Déjà ce code a été publié en plusieurs contrées sous un titre dont le choix aurait été inspiré par la seule reconnaissance, si ce n'était d'ailleurs un hommage rendu par la vérité à celui à qui ce grand ouvrage doit sa naissance.... Par tous ces motifs, et par les sentiments qui animent plus particulièrement les Français pour leur empereur, le code civil sera pour eux, plus que pour tout autre peuple, le CODE NAPOLÉON, et on ne saurait douter qu'il ne soit contre leur vœu de lui laisser plus longtemps un autre nom. »

Cette loi de 1807 contenait en outre deux modifications apportées aux articles 17, § 3, et 896, § 2.

Sous la restauration, le 17 juillet 1816, le roi Louis XVIII ordonna qu'on fît une nouvelle édition de tous les codes. Le CODE NAPOLÉON redevint le CODE CIVIL ; les dénominations impériales disparurent et furent remplacées par les formules royalistes que l'on trouve encore dans les textes. En effet, depuis cette époque, il n'y a pas eu d'autre édition officielle du Code. Seulement un décret du 27 mars 1852 a décidé : « Article premier.

« *le code civil reprendra la dénomination de*
« CODE NAPOLÉON. »

Voici maintenant la liste chronologique des principales lois qui ont modifié les dispositions du code depuis sa promulgation :

1. — Loi du 3 septembre 1807, sur l'intérêt de l'argent. Add. loi 9-10 juin 1857, art. 8, pour la banque de France.

2. — Loi du 8 mai 1816, abolissant le divorce.

3. — Loi du 14 juillet 1819, sur le droit d'aubaine.

4. — Loi du 17 mai 1826, permettant certaines substitutions. Cette loi a été abrogée elle-même le 7 mai 1849.

5. — Loi du 16 avril 1832, sur le mariage des beaux-frères et belles-sœurs.

6. — Loi du 12 mai 1835, défendant l'établissement des majorats. Add. loi du 7 mai 1849.

7. — Loi du 30 juin 1838, sur les aliénés.

8. — Loi du 21 juin 1843 (art. 2), sur la forme des actes notariés portant donation entre-vifs, donation entre époux. Révocation des donations ou testaments.

9. — Loi des 13-21 novembre 1849, sur la naturalisation des étrangers.

10. — Loi des 22-25 mars 1849 , modifiant l'article 9 du code Napoléon.

11. — Loi du 10 juillet 1850, sur la publicité des contrats de mariage.

12. — Loi du 6 décembre 1850, sur le désaveu des enfants nés après la séparation de corps demandée ou prononcée.

13. — Loi du 31 mai 1854, portant abolition de la mort civile.

14. — Loi des 23-26 mars 1855, sur la transcription en matière hypothécaire, etc.

Tel est l'historique de la rédaction du code Napoléon ; si, maintenant, on examine l'œuvre en lui-même, il faut reconnaître qu'il mérite en grande partie les éloges qui lui ont été donnés.

Quel est d'abord le système philosophique qui domine dans le Code? La réponse est facile quand on examine les principales sources auxquelles ont puisé, le plus souvent, ses auteurs. Ils ont pris la plus grande partie de leurs matériaux dans les jurisconsultes *spiritualistes* du 18e siècle. C'est Pothier, c'est Domat, les élèves des jansénistes , qui ont été leurs modèles ; ils ne pouvaient pas, en suivant de telles traces, arriver au matérialisme. Cela était impossible , surtout quand on se rappelle que l'homme qui donnait l'impulsion, qui présidait à tous les travaux préparatoires, était l'auteur du concordat et venait de rétablir solennellement le catholicisme en France.

La manifestation de l'esprit philosophique du code se trouve du reste bien marquée dans le livre préliminaire, intitulé : Du droit et des lois ; livre qui n'a pas été promulgué, parce qu'il contenait exclusivement des principes théoriques. On y lit : Article premier, « Il existe un droit uni- « versel et immuable, source de toutes les lois « positives ; il n'est que la raison naturelle, en « tant qu'elle gouverne tous les hommes. » C'est la pensée exprimée par Cicéron, dont la philoso- phie était essentiellement spiritualiste : « Est qui- dem vera lex, recta ratio naturæ congruens, dif- fusa in omnes, constans sempiterna... *(De re- publica, 3-22).*

L'influence de ces doctrines apparaît dans une grande partie des dispositions du Code ; c'est le simple consentement qui fait naître les obliga- tions, qui opère la translation de la propriété en- tre les contractants ; plus de symboles, plus de radition publique exigée ; et ici le spiritualisme avait été poussé trop loin : car pour faire produire à la volonté la plénitude de ses effets , on avait compromis les droits des tiers (1). Dans la famille, plus de domination du père dans son intérêt matériel ; sa puissance n'est fondée que sur deux bases : la protection et l'intérêt de l'enfant ; sa force est juste celle qui est nécessaire pour réprimer les écarts de la jeunesse sans pouvoir arriver à la comprimer outre mesure.

Disons-le cependant, notre Code ne laisse pas que de présenter des contradictions au point de vue philosophique. Souvent il pose comme présomption légale que l'homme fait le mal dès qu'il a intérêt à le faire : ainsi dans les articles sur les donations irrévocables , sur la vente entre les époux ; ainsi dans les articles 907, sur l'institution du tuteur par son ancien pupille ; 909, sur les legs faits aux médecins, etc., aux ministres du culte qui ont donné des soins au défunt pendant la maladie dont il est mort ; 911, 1100, sur les personnes interposées... Il y a presque du fatalisme dans cette manière d'envisager les choses ; l'homme pourrait avoir intérêt à mal faire, donc il fera mal.

(1) La loi des 23-26 mars 1855 , sur la transcription , a obvié à cet inconvénient.

D'un autre côté, les articles optimistes ne manquent point. Le dol ne se présume pas, porte l'article 1116. Le code croit à la véracité du serment décisoire et du serment supplétoire ; il croyait aussi à la moralité des usuriers, quand il permettait de stipuler l'intérêt de l'argent à quelque taux que ce fût ; mais l'expérience força bientôt le législateur à revenir sur cette opinion.

Comme rédaction, les articles du Code sont en général suffisamment clairs et précis ; il y aurait cependant quelques dispositions à revoir, pour éviter les variations de la jurisprudence. Nous citerons pour exemples l'article 180 au titre du mariage, dans lequel les mots : *erreur sur la personne*, sont entendus d'une manière différente par les tribunaux et les auteurs ; l'article 959 sur la révocation des donations faites dans les contrats de mariage ; l'article 1471 sur la nature des reprises de la femme, etc.

Comme division intérieure, on peut reprocher au code Napoléon de n'être pas toujours logique. On ne voit pas trop, par exemple, pourquoi la prescription, considérée comme manière d'acquérir la propriété, ou comme cause d'extinction des obligations, a été placée dans les derniers articles.

Mais cette observation, qui a de la gravité pour l'enseignement, n'en a aucune dans la pratique judiciaire; peu importe aux magistrats que l'article dont on demande l'application soit au commencement ou à la fin de la loi.

B. *Code de procédure civile.*

L'assemblée nationale avait décrété que l'on rédigerait un code de procédure, mais on ne s'en occupa point jusqu'au consulat. On continua à se servir de l'ordonnance de 1667. Cependant le 3 brumaire an II, une loi en 17 articles supprima les avoués et réduisit la procédure à quelques actes seulement. Voici ce que porte l'article 9: « Il sera statué dans tous les tribunaux et dans toutes les affaires, *sans aucuns frais*, sur défenses verbales ou sur simple mémoire, qui sera lu à l'audience par l'un des juges. » La loi ajoutait, que les mandataires des parties devant les tribunaux (les défenseurs officieux), seraient tenus de justifier du certificat de civisme, mais elle leur refusait toute action pour leurs soins ou salaires. L'expérience à prouvé que cette procédure à bon marché coûtait horriblement cher aux plaideurs. Les mandataires qui n'étaient soumis à aucune surveillance, se faisaient payer d'avance des honoraires souvent exorbitants.

La loi du 27 ventôse an VIII, sur l'organisation des tribunaux, rétablit les avoués (art. 93 à 95), avec le droit exclusif de postuler pour autrui. Le 18 fructidor de la même année, les consuls arrêtèrent que jusqu'à la rédaction du code de procédure promis, on suivrait l'ordonnance de 1667 quant aux formes, et pour les frais on accordait les trois quarts des droits passés en taxe par le tarif de 1778.

Enfin le 3 germinal an X, les consuls nommèrent une commission chargée de rédiger le projet du code de procédure. Elle était composée de MM. Treilhard, conseiller d'Etat ; Try ; Berthereau, président du tribunal civil de la Seine ; Séguier, premier président à la cour d'appel; Pigeau, ancien avocat au Châtelet.

On suivit pour ce Code les mêmes formes que pour le code Napoléon. La première rédaction, soumise aux observations des tribunaux d'appel, fut ensuite revue et discutée au conseil d'Etat, puis enfin votée par le corps législatif. Mais il faut bien le reconnaître, la discussion fut moins sérieuse que pour le code Napoléon ; la matière était difficile et peu intéressante. Malgré cela notre procédure est encore une des meilleures, des plus simples et des plus rationnelles de toutes celles qui ont été admises dans les lois modernes de l'Europe.

Depuis la promulgation officielle du Code, qui fut exécutoire à partir du 1ᵉʳ janvier 1807 (V. art. 1041, cod. proc.) il y a eu deux éditions officielles: la première en 1816 (30 août), pour mettre les termes de la loi en harmonie avec la nouvelle organisation politique ; la seconde, en vertu d'une ordonnance du 8 octobre 1842. On voulait introduire dans le code de procédure certaines lois votées qui abrogeaient un grand nombre d'articles anciens, ainsi la loi du 2 juin 1841, sur la saisie immobilière, et celle du 24 mai 1842, pour la saisie des rentes constituées sur les particuliers.

Les autres lois principales qui ont un rapport direct avec la procédure, sont :

1° La loi du 11 avril 1838, sur les tribunaux civils de première instance et le taux de l'appel.

2° La loi du 25 mai 1828, sur les justices de paix, complétée par la loi des 20-25 mai 1854.

3° La loi du 21 mai 1858, sur la procédure d'ordre.

C. *Le code de commerce.*

Les ordonnances de mars 1673, sur le commerce terrestre, et d'août 1681, sur le commerce maritime, seront toujours comptées parmi les plus beaux monuments de notre ancienne législation ; cependant elles étaient devenues insuffisantes sous divers points de vue. Ainsi depuis la loi des 2-17 mars 1791, on avait substitué, au régime des corporations, des maîtrises et des jurandes, la liberté pour chacun d'embrasser la profession qui lui convenait le mieux ; ainsi l'organisation judiciaire avait changé ; on se préoccupait également des règles à introduire dans l'administration des faillites, etc....

Le 13 germinal an IX (3 avril 1801) un arrêté consulaire organisa une commission chargée de rédiger un projet de code de commerce. Elle était composée de MM. Vignon, président du tribunal de commerce, Gorneau, juge au tribunal d'appel, Boursier, ancien juge de commerce, Le Gras, jurisconsulte, Vital-Roux, Coulomb, ancien magistrat, Mourgue, administrateur des hospices.

Un premier projet fut soumis aux observations du tribunal de cassation et des tribunaux d'appel ;

on le communiqua en outre aux chambres et aux tribunaux de commerce.

Une seconde rédaction fut faite en 1803 par trois membres de la commission : MM. Gorneau, Le Gras et Vital-Roux, et communiquée au conseil d'Etat. Mais au lieu d'être remise au comité de législation, elle fut adressée au comité de l'intérieur. C'est peut-être à cela qu'il faut attribuer la suspension qui eut lieu dans les travaux préparatoires.

Le projet restait enseveli dans les cartons, lorsqu'en 1806 des faillites scandaleuses, qui éclatèrent à Paris, déterminèrent Napoléon a ordonner que l'on reprît la discussion du code de commerce, sans attendre son retour ; il était alors en Prusse.

La discussion, recommencée le 4 novembre 1806, finit le 19 août 1807. Napoléon figura seulement dans quatre séances. Le code de commerce fut voté avec les mêmes formalités que le code Napoléon ; il ne fut obligatoire qu'à partir du 1ᵉʳ janvier 1808 (V. loi 15 sept. 1807). Comme pour les autres codes, il y eut une seconde édition officielle en 1816, et de plus une troisième en vertu de l'ordonnance du 31 janvier 1841, ainsi conçue : « Vu les lois des 19 mars 1817, 31 mars

1833 , 28 mai 1838 et 3 mars 1840 , qui ont *apporté diverses modifications* au code de commerce, nous avons ordonné.... »

De ces diverses lois, la plus importante est celle du 28 mai 1838, sur l'administration des faillites.

Depuis il y a eu :

1° Loi des 14-17 juin 1841, modifiant les articles 216, 234 et 298 du code de commerce.

2° Le décret du 2 mars 1852, abrogeant le décret du 28 août 1848, et remettant en vigueur les articles 618, 619, 620, 621 et 629 du code de commerce.

3° La loi du 17 juillet 1856 , sur les concordats, par abandon (art. 541, cod. comm.).

4° La loi du 17 juillet 1856, sur la suppression de l'arbitrage forcé, en matière de sociétés commerciales.

5° La loi du 17 juillet 1856 , sur les sociétés en commandite par actions.

On peut rattacher aux trois Codes précédents , les lois qui touchent à la contrainte par corps. Ce moyen de sanction, dont on peut à juste titre contester l'utilité et la justice vis-à-vis des débiteurs malheureux et de bonne foi, est réglementé aujourd'hui par la loi du 7 avril 1832, modifiée par la loi des 13-16 décembre 1848.

Bien que sous plusieurs points de vue, notre code de commerce mérite des éloges, il y a encore plus d'une matière qui demanderait une révision sérieuse ; ainsi les faillites, les assurances maritimes et terrestres, les marchés à livrer, le nantissement commercial, etc. etc.

D. *Code d'instruction criminelle et code pénal.*

Nous avons déjà dit que pendant la révolution on avait commencé la réforme de notre ancien droit pénal par les codes de 1791 ; auxquels on avait depuis substitué le code des délits et des peines, du 3 brumaire an IV. Cette législation présentait des imperfections qui déterminèrent Napoléon à nommer une commission chargée de rédiger un projet (7 germinal au IX). Les commissaires étaient MM. Viellard, Target, Oudard, Treilhard et Blondel.

Dans le travail préliminaire, composé de 1169 articles, les auteurs avaient réuni l'instruction criminelle et la pénalité. On le soumit aux observations du tribunal de cassation et des tribunaux d'appel, puis la discussion commença le 2 prairial an XII (22 mai 1804). Elle présenta un caractère tout spécial , en ce que l'on commença par s'occuper d'une série de questions fondamentales, au nombre de quatorze (V. Locré, p. 247). L'institution du jury sera-t-elle conservée ? Y aura-t-il un jury d'accusation et un jury de jugement? La déclaration du jury sera-t-elle rendue à l'unanimité ou à un certain nombre de voix ? La peine de mort sera-t-elle conservée ? etc. La discussion fut vive ; Napoléon inclinait peu pour le jury , puis il lui vint la pensée de ne faire de toute la magistrature civile et criminelle qu'un grand corps organisé hiérarchiquement. Les investigations se portèrent de ce côté là, et la discussion fut interrompue depuis le 20 décembre 1804 jusqu'à la fin de janvier 1808.

A ce moment on divisa le projet primitif en deux parties : le code d'instruction criminelle et le code pénal.

On s'occupa d'abord de l'instruction criminelle; on admit le jury de jugement, en repoussant le jury d'accusation. La discussion fut terminée le 30 octobre 1808.

Le code pénal ne fut achevé que le 20 février 1810, et l'on retarda la promulgation des deux codes jusqu'au 1er janvier 1811, parce qu'il fallait réorganiser les tribunaux et les cours d'appel, ce qui eut lieu dans la loi du 20 avril 1810 (Conf. décrets du 23 juillet et du 25 novembre 1810, sur la mise en activité du nouveau code criminel.)

Rappelons que depuis 1807 le tribunat n'existait plus, et que les projets de lois étaient discutés, après l'envoi du conseil d'Etat, par une commission prise dans le sein du corps législatif (V. loi du 19 août 1807).

Au point de vue philosophique, le code pénal contient les principes les plus opposés. On serait tenté, au premier abord, de croire notre droit pénal profondément rationnel et même stoïcien, quand on le voit punir la tentative du crime, comme le crime lui-même ; mais il faut changer d'opinion en présence de la définition donnée du crime, du délit et de la contravention : définition qui est prise non pas dans le caractère moral de l'acte illicite, mais bien dans la peine infligée. Or, cette pénalité a été souvent réglée d'après les idées utilitaires de Bentham, plutôt que d'après les principes de la justice absolue (1). Tous les

(1) Les articles 62 et 63 du code pénal, sur le recel, en contiennent un exemple frappant.

criminalistes ont critiqué cette tendance de notre législation pénale, mais ce n'est pas ici que nous pouvons nous occuper de ces questions. Du reste les doctrines spiritualistes se retrouvent dans l'établissement d'un *maximum* et d'un *minimum* pour les peines, ce qui implique la reconnaissance d'une immoralité plus ou moins développée chez l'agent ; de même, quand on reconnaît des faits excusables par suite des circonstances dans lesquelles ils ont été commis.

Le code d'instruction criminelle est au contraire dominé par une idée toute spiritualiste. Jusqu'à la condamnation l'accusé est présumé innocent ; la défense est libre ; l'instruction doit se faire tout aussi bien pour établir l'innocence que la culpabilité du prévenu, etc. Il est certain que sous ce point de vue, la France est au premier rang des nations, et qu'il est bien rare qu'un innocent soit condamné. Du reste, depuis 1811, les deux codes ont été modifiés par une très-grande quantité de lois, dont nous allons citer les plus importantes.

A. *Pour le Code d'instruction criminelle.*
1° La charte de 1814, et depuis, celle de 1830

ont aboli les articles 553 à 599 sur les cours spéciales et prévotales.

2° Le jury , sa composition , son application aux divers délits, sa manière de voter, etc. ; ont donné lieu à une série de lois, comme celle du 9 septembre 1835, des 7-12 août 1848, du 3 janvier 1852, des 4-10 juin 1853.

3° La loi du 28 avril 1832 portant article 1er : les articles 206, 339, 340, 341, 345, 347, 368, 372, 399, 619 du code d'instruction criminelle sont abrogés, ils seront remplacés par les articles suivants..... A l'occasion de cette loi, il a été fait une nouvelle édition du code d'instruction criminelle , devenue obligatoire à partir du 1er juin (1).

4° La loi des 3-6 juillet 1852 sur la réhabilitation des condamnés.

5° La loi des 17-31 juillet 1856, sur la mise en liberté provisoire, sur la suppression de la chambre du conseil dans les tribunaux de première instance etc.

(1) En 1846 on avait fait pour le code d'instruction criminelle et pour le code pénal les mêmes changements de qualifications que pour les autres lois promulguées sous les gouvernements précédents.

B. *En ce qui touche le code pénal :*

Les modifications résultant de lois postérieures sont également très-nombreuses; citons :

1° Les diverses lois sur la presse, 17 mai 1819, 25 mars 1822, etc., etc.

2° La loi du 25 juin 1824, donnant aux cours d'assises le droit d'admettre des circonstances atténuantes.

3° La loi du 28 avril 1832, qui a modifié cent deux articles du code pénal; substitué la peine des travaux forcés à la peine de mort dans onze cas; supprimé la marque, le carcan, etc.

4° Le décret du 12 avril 1848 qui abolit l'exposition publique.

5° La loi du 28 juin 1850 sur la déportation à Noukaïva.

6° Le décret du 31 décembre 1851 qui défère aux tribunaux correctionnels les délits de presse.

7° La loi des 30 mai-1er juin 1854 sur l'exécution de la peine des travaux forcés par la transportation.

8° La loi des 28 mai-5 juin 1858 sur l'usurpation des titres nobiliaires.

Telle est l'énumération des Codes rédigés sous le règne de Napoléon 1er. On s'est demandé s'il y avait lieu d'approuver la réalisation de cette pensée, pour notre part, nous n'en doutons pas ; il nous paraît même difficile de soutenir l'opinion contraire au point de vue de l'utilité pratique. La codification établit l'unité et la simplicité de la législation ; elle tend par cela même à bannir l'arbitraire du sanctuaire de la justice. C'est elle qui amène de plus en plus la fusion entre les diverses parties de notre pays. On conçoit, à la rigueur, que dans certaines provinces on ne voulut pas accepter la qualification de Français, tant que l'on conservait les anciennes institutions locales ; mais aujourd'hui cela n'est plus possible, la loi est *une* pour tous, en quoi pourraient donc différer les nationalités ? La codification unique contribue plus encore que la centralisation administrative à rendre un peuple homogène.

En Allemagne on a attaqué la codification au point de vue du développement scientifique ; les Codes, a-t-on dit, tuent les études théoriques. Cela a pu paraître vrai pour notre pays, dans les premiers temps qui ont suivi la promulgation de nos lois modernes ; la science s'était arrêtée, il semblait que personne ne se présenterait pour continuer la série des jurisconsultes si brillamment commencée par Merlin. En effet, d'un côté, les préoccupations politiques détournaient des études spéculatives ; de l'autre, beaucoup d'esprits superficiels se figuraient qu'il suffisait de lire le Code pour savoir le Droit. Mais cette illusion a été bientôt dissipée, et l'on s'est convaincu que la codification, loin d'entraver les études juridiques, leur donnait un nouvel essort. A côté des textes, il y a une chose qui ne change pas, et ne dépend aucunement de la rédaction des lois, c'est la science du juste et de l'injuste, c'est la science des principes et de leur développement historique. La codification précise d'avantage les idées, elle permet à la critique de s'attaquer à un corps certain et non pas à des abstractions fugitives comme cela arrive dans les législations coutumières. Sans doute on se trouve en présence d'un autre danger, c'est de faire dégénérer la science en commentaire stérile d'un texte plus ou moins rationnel. Mais ce règne de l'analyse pure n'a qu'un temps ; au bout d'une période donnée, l'esprit philosophique reprend son essort d'autant plus ferme dans ses recherches qu'il peut avancer sur un terrain plus solide et mieux déterminé. Aujourd'hui nous pouvons discuter les théories des contrats avec plus de facilité qu'à l'époque de Pothier où l'on flottait encore entre les idées du droit romain et celles des coutumes etc., etc. En résumé, nous pensons que la codification est aussi utile à la théorie qu'à la pratique, parce qu'elle détermine mieux les points sur lesquels doit se porter l'attention du jurisconsulte; parce qu'elle facilite la critique, sans empêcher les spéculations hardies à l'aide des quelles on cherche à soulever le voile de l'avenir et à indiquer les améliorations que réclame l'œuvre du législateur.

Chapitre septième.

LES DEUX RESTAURATIONS. — LES CENT JOURS. — LA MONARCHIE DE JUILLET 1830.

—

Au mois d'Avril 1814, les armées alliées étant entrées en France, le Sénat, déclara, par un décret du 14 avril, que Napoléon Bonaparte était déchu du trône et que le droit héréditaire, établi dans sa famille, était aboli. Le pouvoir exécutif fut remis aux mains d'un gouvernement provisoire composé de cinq membres : MM. de Talley-rand, de Beurnonville, de Jaucourt, de Dalberg et de Montesquiou. Le pouvoir législatif fut exercé concurremment par le Sénat et le gouvernement provisoire jusqu'au 17 avril.

Dans cet intervalle, les sénateurs avaient préparé un projet de constitution, par lequel ils rétablissaient la royauté héréditaire dans la maison de Bourbon, mais en stipulant d'assez larges libertés pour le peuple Français, qui devait être appelé à voter sur cet acte solennel. Le roi, de son côté devait jurer de l'accepter et de le faire exécuter (Voir acte des 6-9 avril 1814). Le comte d'Artois d'abord, et Louis XVIII ensuite, ne voulurent pas consacrer le principe du contrat intervenant entre le chef et la nation (V. déclaration du roi 2-5 mai 1814).

Depuis le 17 avril jusqu'au 5 mai, le comte d'Artois prit des *arrêtés* et fit des *décrets* en qualité de lieutenant-général du royaume. Il s'aidait des avis d'un conseil d'Etat provisoire composé de huit membres choisis par lui le 16 avril 1814.

Du 5 mai au 10 juin, la source unique de la législation positive se trouve dans les ordonnances royales rendues : *le conseil d'Etat entendu*,

La charte constitutionnelle du 4 mai 1814 vint organiser de nouveau le pouvoir législatif. Mais avant de nous en occuper spécialement, rappelons que le 20 mars 1815, Napoléon rentrait à Paris et reprenait pour quelque temps le pouvoir impérial.

Pendant cette période connue sous le nom des CENT JOURS, nous retrouvons d'abord les décrets émanant de l'Empereur. Puis, le 23 avril, Napoléon proposa à l'acceptation du peuple Français une série de dispositions intitulées : *Acte additionnel aux constitutions de l'Empire*, et qui avait été calqué en partie sur la charte de Louis XVIII ; le pouvoir législatif devait être exercé par l'Empereur et deux chambres.

La première appelée chambre des pairs, était composée de membres nommés par l'Empereur, leur dignité était irrévocable et héréditaire.

La seconde, nommée chambre des représentants, comprenait 629 membres élus par le peuple et renouvelés tous les cinq ans (art. 7 à 13).

L'initiative des lois appartenait au gouvernement ; les chambres pouvaient seulement *proposer* des amendements ; elles avaient aussi le droit d'inviter le gouvernement à présenter des lois (art. 23-24). Après le vote des chambres l'Empereur sanctionnait et promulguait les lois.

Le résultat des votes sur l'acte additionnel devait être proclamé dans une assemblée solennelle appelée *Champs de Mai* et fixée au 26 de ce mois. Elle se composera, portait le décret : 1° des membres de tous les colléges électoraux de département et d'arrondissement de l'Empire. 2° des députations qui seront nommées par tous les corps de l'armée de terre et de mer.

Napoléon présida la réunion de ces députations au champs de mars le 1er juin 1815, il jura de maintenir sa constitution et reçut le serment de tous les assistants. Le 22 du même mois, il abdiquait de nouveau en faveur de son fils, et prescrivait la formation d'une régence. On constitua un gouvernement provisoire avec Fouché pour président.

Le 29 juin, la chambre des représentants rédigea un projet de constitution dans lequel elle proclamait hautement que la *souveraineté nationale*, résidait dans l'universalité des citoyens ; et comme cette fois, les alliés ne voulaient pas reconnaître le gouvernement provisoire, elle publia, le 6 juillet, une proclamation qu'elle appelait :

loi de l'Etat ; elle y disait : « La chambre croit de son devoir et de sa dignité de déclarer qu'elle ne saurait jamais avouer pour chef légitime de l'Etat, celui qui en montant sur le trône refuserait de reconnaître les droits de la nation et de les consacrer par un pacte solennel. Cette charte constitutionnelle est rédigée (voir le projet du 29 juin) et si la force des armes parvenait à nous imposer momentanément un maître, si les destinées d'une grande nation devaient être encore livrées au caprice et à l'arbitraire d'un petit nombre de privilégiés ; alors, cédant à la force, la représentation nationale protestera à la face du monde entier, des droits de la nation opprimée... »

On sait comment les étrangers vainqueurs ramenèrent Louis XVIII à Paris. La chambre des pairs se retira en silence ; la chambre des députés voulut se réunir, mais elle trouva les portes de son palais gardées par les Prussiens... Le 8 juillet, la seconde restauration était accomplie.

Nous allons reprendre maintenant notre exposé des sources du droit positif depuis 1815 jusqu'en 1848.

Dans cette période, nous trouvons les monuments suivants qui feront l'objet d'autant de sections diverses : 1° la charte de 1814 et la charte de 1830 ; 2° Les lois ; 3° Les ordonnances royales ; 4° Les avis du conseil d'Etat. Nous nous demanderons également s'il faut encore appliquer les décrets inconstitutionnels de Napoléon.

SECTION PREMIÈRE.

Les deux chartes de 1814 et de 1830.

A. *Charte du 4 juin 1814.*

Pour la branche aînée de la maison de Bourbon, le trône de France était considéré comme une propriété acquise, se transmettant dans la famille par suite du principe de légitimité ; c'est ce que l'on désigne encore sous le nom de *Théorie du droit divin.* Les Bourbons régnaient par la volonté de Dieu, et non par délégation de la volonté nationale. Avec ce point de départ, la charte de 1814 ne pouvait pas être regardée comme un contrat entre le roi et la nation ; elle était seulement un abandon volontaire d'une portion de l'omnipotence appartenant au monarque. Cette donnée se trouve dans le préambule dont Louis XVIII fit précéder les articles organiques du gouvernement. « Une charte constitutionnelle, dit-il, était sollicitée par l'état actuel du royaume, nous l'avons promise et nous la publions. Nous avons considéré que, bien que *l'autorité toute entière* résidât en France dans la personne du roi, nos prédécesseurs n'avaient point hésité à en modifier l'exercice suivant la différence des temps... En même temps que nous reconnaissions qu'une constitution libre et monarchique devait remplir l'attente de l'Europe éclairée, nous avons dû nous souvenir aussi que notre premier devoir envers nos peuples était de conserver, pour leur propre intérêt, les droits et les prérogatives de notre couronne. A ces causes, nous avons *volontairement et par le libre exercice de notre autorité royale, accordé et accordons, fait concession et octroi* à nos sujets de la charte constitutionnelle qui suit. »

Quand on relit aujourd'hui les termes de ce préambule, on se rappelle forcément les conséquences qu'à eue, pour la branche aînée, cette théorie de l'omnipotence royale. Aujourd'hui, du reste, nous ne croyons pas qu'il y ait un homme de bon sens qui voulut essayer de la défendre ; la souveraineté nationale est un principe admis sans contestation. Les peuples ne sont pas la propriété de telle ou telle maison, Dieu les a créés libres, ils ne relèvent que de lui ; les chefs des nations ne sont que des mandataires délégués. Le principe de la charte de 1814 était donc complétement faux ; il était surtout une anomalie maladroite dans un pays qui venait de traverser toutes les révolutions échelonnées depuis 1789.

Quoi qu'il en soit, cette charte était, à ce moment, la source de notre droit politique. Après les agitations réactionnaires qui suivirent le rétablissement de la monarchie, une ordonnance du 13 juillet 1815 (art. 14), avait déclaré que certains articles de la charte seraient soumis à la révision du pouvoir législatif, mais, le 5 septembre 1816, le roi considérant : « Qu'à côté de l'avantage d'améliorer était le danger d'innover, déclara : aucun des articles de la charte constitutionnelle ne sera révisé. » Malgré ce principe posé, il y a eu quelques articles modifiés par des lois postérieures, ainsi : la loi du 25 mars 1818, interprétant l'article 39. — La loi du 29 juin 1820, accordant le double vote aux électeurs les plus imposés. — La loi du 9 juin 1824 qui substitua au renouvellement, *par cinquièmes*, de la chambre des députés (art. 37 de la charte), le renouvellement *septennal* en entier.

B. *La charte de* 1830.

Après les ordonnances de juillet, et la révolution qu'elles provoquèrent, le trône occupé par Charles X devint vacant. Le 6 et le 7 août, sur la proposition de M. Bérard, député, et sur le rapport de M. Dupin l'aîné, la chambre des députés procéda à la révision de la charte de 1814. On pouvait se demander si ce droit lui appartenait réellement, et si elle pouvait agir ainsi sans consulter la nation réunie dans les colléges électoraux? Aussi, l'auteur de la proposition disait-il, en prévoyant cette difficulté : « Vainement on objecterait qu'en agissant ainsi nous outrepassons nos droits, je détruirais une pareille objection, si on osait la faire, en rappelant la loi que j'ai invoquée celle *de l'invincible, de l'impérieuse nécessité.* » Les députés passèrent outre, et, le 11 août, leur œuvre reçut l'adhésion de la pairie. Les deux chambres invoquèrent la nécessité, ainsi que l'avait fait M. Bérard; elles déclarèrent le préambule de la charte de 1814 supprimé comme blessant pour la dignité nationale, en paraissant octroyer aux Français des droits qui leur appartiennent essentiellement. Elles crurent aussi dans leur droit d'offrir la couronne au duc d'Orléans. « ...En conséquence, S. A. R. Louis-Philippe d'Orléans, duc d'Orléans, lieutenant-général du royaume, sera invité à *accepter* et à *jurer* les clauses et engagements ci-dessus énoncés, l'observation de la charte constitutionnelle et les modifications indiquées ; et après l'avoir fait devant les chambres assemblées à prendre le titre de roi des Français. »

Le 9 août, Louis-Philippe prêta serment : « C'est avec pleine conviction, dit-il, que j'ai accepté le *pacte d'alliance* qui m'était proposé. » Cette phrase donne le vrai caractère de la nouvelle charte ; bien qu'elle contienne beaucoup d'articles de celle que Louis XVIII avait concédée, c'est une œuvre entièrement nouvelle par les principes qu'elle consacre. La souveraineté nationale est manifestement proclamée, ses représentants croient devoir conserver la forme monarchique, mais, s'ils le font, c'est que leur conviction les amène à agir ainsi. Ils cherchent la personne à qui ils confieront la direction du pays, ils pensent l'avoir trouvée dans le duc d'Orléans, et alors ils lui disent, comme autrefois les Aragonais disaient à leurs princes : « Nous qui valons autant que vous, nous vous faisons roi, à condition que vous maintiendrez nos droits et nos libertés; sinon, non. »

Il n'entre pas dans notre plan d'étudier en détail la charte de 1830, pas plus que les autres constitutions qui se sont succédées en France, mais il est important de faire remarquer le caractère de délégation bien marqué que prend, à partir de cette époque le pouvoir exécutif. Comme nous le disions plus haut, il n'est pas probable que jamais on songe à le contester, dans l'avenir.

SECTION IIe.

Comment étaient faites les lois sous la Restauration et depuis 1830.

A. Sous la Restauration.

A ce moment le pouvoir législatif s'exerce collectivement par le roi, la chambre des pairs et la chambre des députés (art. 15 de la charte). L'initiative appartient exclusivement au roi. (art. 16 eod.) Les projets sont proposés par les *comités* du conseil d'Etat, d'après les ordres et sous la présidence des ministres dans les attributions desquels ils rentrent (ordon. des 23-27 août 1815 art. 2); et plus tard on soumit les projets à l'assemblée générale (ordon. 5 nov. 1828, art. 14). Quand le gouvernement ne croyait pas devoir recourir au conseil d'Etat, les projets étaient présentés directement au roi seul, s'il l'ordonnait, ou bien dans le conseil des ministres (ordon. 6 juillet 1814, art. 7). Enfin les matières de haute législation, ou même toutes celles que le roi jugeait à propos d'y renvoyer, étaient d'abord discutées dans un *conseil privé*, organisé par les ordonnances des 19 septembre-18 octobre 1815 et 19 avril 1817.

Le projet rédigé en forme de loi, signé par le roi, contre-signé par un ministre, était envoyé à l'une ou l'autre chambre ; cependant les lois d'impôts, comme le budget, devaient toujours être adressées, en premier lieu, à la chambre des députés (art. 17 de la charte).

Les deux chambres pouvaient supplier le roi

de proposer une loi, mais il fallait qu'elles fussent d'accord sur ce point (art. 19 à 21 de la charte).

En principe les *amendements* devaient être proposés ou consentis par le roi, mais vers la fin de la restauration, cette règle n'était plus observée. ils étaient renvoyés et discutés dans les bureaux (art. 46 de la charte).

A *la chambre des députés*, les projets, après avoir été lus en séance, étaient imprimés, si on le jugeait convenable, et renvoyés aux *neuf* bureaux composés, autant que possible, d'un nombre égal de députés. Les bureaux étaient renouvelés tous les mois par la voie du sort ; ils nommaient chacun un rapporteur; ces neuf membres réunis en commission, choisissaient l'un d'eux pour faire à la chambre un rapport, qui était imprimé et distribué trois jours avant la discussion générale (règlement du 25 juin 1814, art. 36-56 à 63).

Les séances de la chambre des députés étaient publiques (art. 44 de la charte). Le vote sur toutes les lois avait lieu au scrutin secret, par boules blanches et boules noires, déposées dans une urne placée sur la tribune (art. 32-33 règl^t de 1814).

Quand la loi avait été adoptée, on rédigeait une minute, signée par le président et les secrétaires de la chambre, pour rester aux archives. Une expédition signée de même, était portée au roi par le président et les secrétaires. Une loi repoussée ne donnait lieu à aucun message (art. 4-5, titre 3e, déclaration royale du 13 août 1814).

A la chambre des pairs, les délibérations étaient secrètes (art. 32 de la charte). Mais depuis 1825, on publiait au *Moniteur* un bulletin des séances.

Après la lecture des projets de lois , faite en séance générale, l'examen était renvoyé aux bureaux. La chambre était partagée en bureaux de 25 membres, tirés au sort et renouvelés tous les mois (art. 4, 16, 60, règl. du 2 juillet 1814). Au jour indiqué pour la discussion en assemblée générale, l'un des secrétaires faisait la lecture de la proposition soumise à l'examen des bureaux , et la chambre était consultée pour savoir si elle voulait délibérer ou nommer une commission spéciale (art. 17 eod.). Les projets de lois ne pouvaient être votés qu'au scrutin ; chaque membre recevait un bulletin sur lequel il écrivait son vote par oui ou par non ; les bulletins blancs étaient considérés comme nuls. Lorsque le résultat du vote avait été proclamé , on brûlait les bulletins (art. 48 à 57 eod.).

Enfin venait *la sanction royale*. Le roi faisait écrire sur la minute que ladite loi discutée, délibérée et adoptée par les deux chambres , serait publiée et enregistrée pour être exécutée comme loi de l'Etat. Si la sanction était refusée , le roi employait cette formule : *Le roi s'avisera*. S'il s'agissait d'une proposition faite par les chambres, et que la couronne ne voulût pas adopter, on disait : *Le roi veut en délibérer*. Le refus de sanction était notifié : à la chambre des pairs par le chancelier ; à la chambre des députés , par une lettre des ministres adresssée au président (déclar. royale du 13 août 1814, tit. 4, art. 1 à 4).

B. *Après* 1830.

Au point de vue de la confection des lois , la charte de 1830 a apporté deux graves modifications au système existant avant la révolution de juillet. L'article 15 portait : la *proposition* des lois appartient au roi, à la chambre des pairs et à la chambre des députés. Néanmoins, toute loi d'impôt doit être d'abord votée par la chambre des députés. Ainsi l'initiative n'appartient plus exclusivement à la couronne ; une conséquence directe de ce changement c'est le droit *d'amendement* reconnu aux membres des deux chambres. Aussi l'article 46 de la charte de 1814 est-il supprimé dans la charte de 1830.

Par suite de ce nouvel état de choses, des modifications ont été faites aux règlements des deux chambres. Nous allons les indiquer rapidement.

La chambre des députés est toujours divisée en neuf bureaux ; elle procède comme avant 1830 ; mais à partir du 18 mars 1845, on trouve trois commissions spéciales : l'une, composée de neuf membres nommés pour la durée de la session, est chargée de l'examen des lois relatives à des intérêts départementaux ou communaux (art. 73 du règl. de 1845) ; la seconde, composée de dix-huit membres, était chargée de l'examen de la loi des comptes ; enfin la troisième, composée également de dix-huit membres, était nommée :

commission du budget ; elle examinait la loi des dépenses et celle des recettes de l'Etat (art. 74 eod.)

Pour les lois proposées par le roi, ou envoyées par la chambre des pairs, le système de discussion est modifié. Après le rapport de la commission nommée par les bureaux, la chambre s'occupe d'abord du principe et de l'ensemble du projet, puis elle vote sur la question de savoir si elle entend passer à la discussion des articles. Dans le cas d'une décision négative, le président déclare que la proposition de loi n'est pas adoptée ; si au contraire le vote est affirmatif on discute chacun des articles (art. 44 du règl. de 1845). Tout député peut présenter des amendements. Ils doivent être écrits, signés et remis au président qui les fait imprimer et distribuer si la discussion est renvoyée au lendemain. L'auteur développe sa proposition, qui doit être appuyée pour que la chambre la discute. Quand les amendements adoptés donnent lieu à des modifications dans la rédaction de la loi, le projet est renvoyé à la commission (art. 45 à 48 eod.).

L'ensemble du projet est soumis au scrutin de division dont nous allons bientôt parler. On comprend la nécessité de ce dernier vote, car les amendements ont pu changer tout le système de la loi proposée.

Lorsqu'un membre de la chambre voulait user du droit d'initiative parlementaire, il déposait sur le bureau sa proposition signée. Elle était communiquée aux bureaux par les soins du président. Si trois bureaux au moins étaient d'avis que le projet fût développé, on en donnait lecture en séance publique. Au jour fixé par la chambre, l'auteur de la proposition en exposait les motifs ; si elle était appuyée, l'assemblée discutait et votait sur le principe et l'ensemble. Quand le vote était favorable, on déclarait la proposition prise en considération, et pour la convertir en loi, on procédait par renvoi aux neuf bureaux, comme nous l'avons déjà expliqué. La proposition repoussée, ne pouvait plus être représentée dans la même session (art. 50 à 58 eod.).

Depuis 1845, il y avait, à la chambre des députés, trois manières de voter : 1° par assis et levé ; 2° au scrutin secret ; 3° par le scrutin de division, qui pouvait toujours être demandé par dix membres (art. 34 eod.).

Pour le scrutin de division, deux urnes, l'une blanche, qui exprimait l'adoption, l'autre noire, qui exprimait le rejet, étaient placées aux extrémités opposées de la tribune. Un secrétaire faisait l'appel nominal ; le député appelé recevait une boule et la déposait dans l'urne d'adoption ou dans l'urne de rejet (art. 38 eod.) On avait voulu donner ainsi de la publicité au vote de chacun, mais vingt membres de la chambre pouvaient demander le scrutin secret, et alors voici comment on procédait : le député appelé recevait une boule blanche et une boule noire ; il déposait dans l'urne placée sur la tribune la boule qui exprimait son vœu, il mettait celle dont il n'avait pas fait usage dans une autre urne disposée sur le bureau des secrétaires (art. 39 eod.).

A la chambre des pairs, les séances sont devenues publiques (art. 37 de la charte de 1830). La pairie a cessé d'être héréditaire (loi du 29 décembre 1831).

Le règlement de la chambre des pairs fut également modifié à l'occasion du droit d'amendement, et de l'initiative reconnue par la charte nouvelle.

Les amendements ne pouvaient être adoptés définitivement qu'après avoir été déposés sur le bureau, imprimés et distribués ; ce mode de procéder avait pour but d'écarter les modifications improvisées (V. résolution du 7 septembre 1830, sur le règlement, art. 8).

Quant aux projets de lois présentés par un pair, il fallait aussi les déposer sur le bureau, écrits et signés par l'auteur. La chambre s'en occupait dans ses bureaux, qui étaient au nombre de *sept* ; il fallait encore ici que trois bureaux fussent d'avis de prendre le projet en considération. On fixait alors un jour pour exposer les principes généraux du projet de loi et ses principales divisions. L'examen était renvoyé à une commission qui faisait un rapport imprimé et distribué. Après la discussion et l'adoption du principe, la commission rédigeait les projets d'articles ; on votait sur chacun d'eux et enfin sur l'ensemble de la loi (V. tit. 3 du règl. du 7 sept. 1830).

Quand un projet de loi envoyé par l'une des chambres à l'autre était amendé dans la nouvelle discussion, il fallait revenir devant la première assemblée pour lui faire adopter les changements proposés.

La sanction royale continua à être donnée dans les mêmes formes qu'avant 1830. Le roi avait toujours le droit de refuser de sanctionner les projets adoptés par les chambres. Cela se comprend d'autant mieux que les lois envoyées par le roi pouvaient revenir entièrement modifiées par l'exercice du droit d'amendement.

SECTION IIIe.

Des ordonnances royales.

Nous avons déjà dit que la constitution de l'an III et celle de l'an VIII avaient donné, au chef du pouvoir exécutif, le droit de prendre des *arrêtés*, pour procurer l'action de la loi et organiser en détail ce qu'elle établit en principe. Cette source du droit positif est tellement rationnelle, qu'on la retrouve sous tous les gouvernements qui se sont succédés depuis. La charte de 1814, article 14, portait : « le roi... fait les règlements et ordon-« nances nécessaires pour l'exécution des lois *et « la sûreté de l'Etat* (1). » Dans la charte de

(1) C'est dans ces derniers mots de l'article que Charles X prétendait trouver le droit de faire les ordonnances de juillet.

1830, on lit, art. 13 : « Le roi.... fait les rè-
« glements et ordonnances nécessaires pour l'exé-
« cution des lois, sans pouvoir jamais ni suspen-
« dre les lois elles-mêmes, ni dispenser de leur
« exécution (1). »

Ainsi faire la loi, était un droit dévolu aux
chambres et au roi : faire les ordonnances, était
une prérogative exclusive du pouvoir exécutif.
Si en théorie cette distinction est d'une grande
simplicité, elle ne laisse pas que de présenter en
pratique des difficultés sérieuses. Où s'arrête le
pouvoir législatif ? Où commence le pouvoir réglementaire ? C'est une question des plus ardues
du droit constitutionnel. Voici qu'elles sont du
reste les différences qu'on peut établir entre ces
deux sources du droit positif.

La loi doit être puisée dans la nature même
des choses ; son objet est d'établir, pour la société qu'elle doit régir, le meilleur ordre possible.
Le plus souvent elle est perpétuelle dans l'intention du législateur.

(1) Cette rédaction avait pour objet de corriger ce que
les termes de l'ancien article 14 pouvaient avoir d'ambigu.

L'ordonnance dont le but est de procurer l'exécution de la loi, doit s'accommoder aux temps, aux lieux, aux circonstances, et varier avec elles.

La loi pose les principes, les règles fondamentales, les formes essentielles de l'exercice des droits.

L'ordonnance détermine les détails de l'exécution de la loi, les précautions à prendre; c'est elle qui ménage la transition de l'état ancien à l'état nouveau de manière à éviter les inconvénients que pourraient amener des changements trop brusques.

La loi doit toujours être le résultat de longues et profondes méditations; elle doit répondre à un besoin social, bien constaté, et on ne la fait qu'après une délibération sérieuse.

L'ordonnance doit avoir souvent un caractère de spontanéité qui rend très-délicate la mission de celui qui est chargé de la faire.

La loi aura bien rarement un caractère individuel; au contraire l'ordonnance ne s'appliquera dans bien des circonstances qu'à des individus ou à une fraction de la nation.

En un mot, dans la loi on commande, on pose les principes; par l'ordonnance on veut arriver à l'exécution, de la manière la plus avantageuse pour la société ; on veut faire une loi secondaire, et c'est là une entreprise aussi difficile que délicate. Ce qui faisait dire à un publiciste : que la mission du pouvoir exécutif n'est pas moins importante que celle du pouvoir législatif ; il faut qu'il ait toutes les vertus, tous les talents ; il ne peut faillir un seul instant, car ses fautes ou ses faiblesses sont durement expiées par les peuples.

Or, dans l'organisation politique de la France de 1814 à 1848, à côté de tous les fonctionnaires chargés d'agir et de commander se trouvaient déjà, un conseil qui devait leur faciliter cette tâche. A côté du maire, le conseil municipal, à côté du préfet, le conseil de préfecture, à côté du roi, le conseil d'Etat. De là une première division des ordonnances royales : celles que le roi ne pouvait pas faire sans prendre l'avis du conseil d'Etat, et celles qu'il pouvait faire seul.

La première classe porte le nom de *règlement d'administration publique* ou bien celui *d'ordonnance rendue en forme de règlement d'administration publique.*

Les règlements d'administration publique.

étaient caractérisés par trois conditions essentielles : 1° ils embrassaient une certaine généralité
dans leur objet ; 2° ils s'étendaient dans l'avenir
par leur prévoyance ; 3° ils avaient quelque chose
d'obligatoire et d'impératif dans la branche de
service à laquelle ils s'appliquaient.

Leur forme consistait dans une délibération du
conseil d'Etat *tout entier* et dans leur insertion
au bulletin des lois, avec mention que le conseil
d'Etat avait été entendu. Le roi pouvait toujours
saisir le conseil d'Etat d'un projet de règlement
d'administration publique, changeant un règlement antérieur, lorsque les circonstances demandaient de nouvelles règles. Les règlements d'administration publique étaient exécutoires comme
les lois (vid. art. 471, § 15 code pénal).

Les ordonnances rendues en la forme des règlements d'administration publique, différaient
des autres en ce qu'elles avaient une portée moins
étendue ; souvent elles concernaient directement
certaines personnes civiles ou morales, aussi la loi
du 19 juillet 1845, sur le conseil d'Etat, portait-
elle : « Une ordonnance royale, délibérée en conseil d'Etat, détermine, parmi les projets d'ordon-

nances qui doivent être délibérés dans la forme des règlements d'administration publique , quels seront ceux qui ne seront soumis qu'à l'examen *des comités*, et qui peuvent ne pas être portés à l'assemblée générale du conseil d'Etat (art. 13, § 4). Cette ordonnance annoncée, fut rendue les 27 décembre 1846, 1er janvier 1847. Elle détermina treize cas dans lesquels les ministres pouvaient se contenter de saisir les comités ; ainsi les autorisations diverses concernant les établissements religieux, les acceptations de dons, les transactions, les emprunts ; ainsi les rectifications des routes, les alignements dans les villes quand il n'y avait aucune réclamation et qu'il n'y avait pas lieu à expropriation pour cause d'utilité publique ; ainsi les liquidations de pensions de retraite des fonctionnaires civils, etc. Cependant, même dans ces divers cas, l'assemblée générale pouvait être saisie, lorsque les ministres le jugeaient convenable, ou que cela leur était demandé par le comité chargé d'examiner la proposition (art. 2 et 3 de l'ordonnance).

Enfin venait la seconde classe des ordonnances, que le roi faisait seul, soit parce qu'elles n'avaient pas une aussi grande importance, soit parce que leur caractère était essentiellement personnel ou politique. Ainsi quand le roi convoquait ou prorogeait les chambres, lorsqu'il changeait son ministère, qu'il prononçait la dissolution d'une garde nationale ou d'un conseil municipal ; voilà des actes politiques qui demandaient une initiative toute particulière du roi. Il en était de même quand il faisait grâce à un condamné , quand il nommait quelqu'un membre de la légion d'honneur, etc. C'étaient là des affaires trop simples pour exiger l'intervention du conseil d'Etat.

SECTION VIe.

Des avis du conseil d'Etat. — Faut-il encore appliquer les décrets inconstitutionnellement rendus par Napoléon Ier.

Nous avons vu comment le conseil d'Etat avait été investi, sous l'empire, du droit d'interpréter les lois par des avis donnés dans la forme des règlements d'administration publique (loi du 16 sept. 1807). Déjà l'article 11 du règlement du 5 nivôse an VIII avait reconnu au conseil d'Etat le droit de développer le sens des lois sur le renvoi des consuls. Sous la restauration on a voulu contester la force obligatoire de ces avis, mais la jurisprudence leur a toujours reconnu la même valeur qu'aux décrets impériaux, parce qu'ils n'avaient pas été attaqués comme inconstitutionnels; seulement il faut qu'ils aient été signés par l'empereur et promulgués par leur insertion au bulletin des lois.

Depuis 1814, on a également dénié au conseil d'Etat le droit de donner des avis ayant force légale, quand il statuait en vertu de la loi de 1807, après deux arrêts de la cour de cassation, dans la même affaire, entre les mêmes parties, sur les mêmes moyens. Des personnes soutenaient que dans ce cas la décision du conseil n'était pas obligatoire pour les faits semblables ; d'autres, au contraire, disaient que, même après la charte, ces avis interprétatifs de la loi devaient avoir une application générale. Le conseil d'Etat lui-même s'est rattaché à la première opinion, dans un avis du 17 décembre 1823, sur la question de savoir comment on devait exécuter la loi de 1807. Considérant : « que cette décision étant accordée à l'occasion d'un procès et pour lever l'obstacle qui en empêchait le jugement, et étant d'ailleurs rendue par le roi , chef suprême de l'Etat et source première de la justice, *n'est qu'une interprétation judiciaire* qui n'a ni le caractère ni les effets d'une interprétation législative , que l'intervention de l'autorité législative pourrait seule lui attribuer ; que cette interprétation , légalement bornée *au cas particulier pour lequel elle a été donnée*, n'est pas la règle nécessaire de tous les cas analogues, en quoi elle diffère essentiellement de la loi. » Du reste la difficulté a été entièrement tranchée par la loi du 30 juillet 1828, qui rendait l'interprétation des lois au corps législatif.

Depuis lors, les avis du conseil d'Etat n'ont plus eu aucune force qui leur fût propre. Quand le roi les demandait , ils pouvaient sans doute passer dans les ordonnances, mais ils n'étaient pas obligatoires par eux-mêmes.

Quant aux décrets de Napoléon Ier, il y en a une grande quantité qui empiètent sur les droits du pouvoir législatif. Faut-il encore les appliquer? Sur ce point il y a une grande controverse entre les auteurs. Tout le monde admet en principe que les décrets doivent être appliqués ; on donne pour raison qu'ils n'ont pas été attaqués devant le sénat ; que l'utilité générale demande ce maintien, car sans cela il y aurait tout à coup une lacune immense dans notre législation. On ajoute que par son article 68, la charte de 1814 conservait toutes les lois alors en vigueur, ce qui comprenait évidemment les décrets même inconstitutionnels, etc. Mais voici le point où naît la difficulté : faut-il établir des catégories ou bien appliquer tous les décrets, même ceux qui prononcent la peine de mort, ou la confiscation générale ? On fait d'abord remarquer que l'on ne peut pas conserver les dispositions qui sont incompatibles avec l'ordre public actuel, ainsi la confiscation générale, la mort civile, cela est incontestable. Pour la peine de mort, il faut également, dit-on, refuser de l'appliquer en vertu des simples décrets, parce que le sénat les a proscrits implicitement en déclarant que c'était là une des causes qui le déterminaient à prononcer la déchéance de l'empereur (V. décision du sénat, 3-4 avril 1814). Des auteurs, comme M. Dalloz (Répert. v° Lois, n° 554), repoussent toute distinction et veulent qu'on applique les décrets inconstitutionnels, même quand ils prononcent des pénalités. D'autres proposent de distinguer les décrets mis à exécution sous l'empire, de ceux qui ne l'avaient pas encore été. Enfin des personnes acceptent les décrets qui sont en quelque sorte interprétatifs des lois antérieures, ou créateurs de droits nouveaux; mais ils repoussent ceux qui auraient pour résultat d'abroger des lois faites conformément à la constitution ; ainsi, par exemple, le décret du 25 mars 1813, article 5, qui attribue aux cours impériales la connaissance des appels comme d'abus, ne doit pas être suivi , parce qu'une loi régulière, du 18 germinal an x, attribuait compétence au conseil d'Etat pour cette matière. Ce système a été confirmé par un grand nombre de décisions du conseil d'Etat et de la cour de cassation. Nous pensons qu'il faut se rattacher à cette dernière opinion (1).

(1) V. sur cette question, Demante, *Revue française et étrangère*, tom. 7, p. 417. Demolombe, *Droit civil*, tom. 1, p. 199. Valette sur Proudhon, tom. 1, p. 187. Cormenin, *Droit administratif*, 5ᵉ édit., appendice 1ᵉʳ. *Appel comme d'abus.*

SEPTIÈME PÉRIODE.

DEPUIS 1848 JUSQU'EN 1861.

Chapitre premier.

LE GOUVERNEMENT PROVISOIRE ET L'ASSEMBLÉE NATIONALE CONSTITUANTE.

Le 24 février 1848, le peuple de Paris envahit la chambre des députés ; un gouvernement provisoire sortit, on ne sait trop comment, d'un vote émané des émeutiers vainqueurs et à la suite d'une sorte de discussion dont on peut lire les détails au *Moniteur officiel*. Le 25 février, les membres acclamés la veille, et ceux qu'ils s'étaient adjoints, disaient dans une proclamation : « Un gouvernement provisoire, sorti d'acclamation et d'urgence par la voix du peuple et des députés des départements, dans la séance du 24 février, est investi, momentanément, du soin d'assurer et d'organiser la victoire nationale. » Nous n'avons pas à juger ici la manière dont le gouvernement provisoire a usé du pouvoir ; il était dans une position bien difficile, et c'est aux générations futures qu'il appartiendra de prononcer , sans passions , sur le caractère des diverses mesures qu'il a prises. Voyons ce qu'il a fait au point de vue de l'histoire externe du droit :

La chambre des députés était dissoute ; il avait été interdit à la chambre des pairs de se réunir; le pouvoir législatif et le pouvoir exécutif se trouvèrent donc réunis dans les mêmes mains.

Toutes les matières touchant à la législation générale , furent comprises dans des actes appelés DÉCRETS. C'est ainsi que les lois de septembre furent abolies, que certains articles du code d'instruction criminelle furent supprimés par le décret des 6-8 mars 1848. C'est ainsi que l'exposition publique des condamnés fut enfin repoussée , et avec raison, par le décret du 14 avril 1848, etc.

Les questions d'administration , règlementées précédemment par les ordonnances royales, firent l'objet d'actes désignés sous le nom d'ARRÊTÉS. Nous citerons comme exemples : les nominations aux diverses fonctions publiques ; la création de la garde mobile ; la fermeture de certains clubs ; la prolongation des échéances des effets de commerce pour cause de force majeure, etc.

Remarquons également que le gouvernement provisoire, par décret du 2 mars 1848, créa un pouvoir nouveau ; il décida : « Les affaires *d'administration courante*, qui dans l'état actuel de la législation ne pouvaient être réglées qu'au moyen *d'ordonnances* royales, seront valablement décidées par le *ministre* provisoire auquel ces affaires ressortissent. Les affaires pour lesquelles l'avis du conseil d'Etat était exigé, continueront à lui être soumises. » Cette disposition a surtout été appliquée à la création ou à la modification des sociétés anonymes ; on en voit un assez grand nombre d'exemples au bulletin des lois de cette époque.

Le gouvernement provisoire prit aussi quelquefois des mesures législatives importantes dans des actes qu'il appelle DÉCLARATIONS. C'est ainsi qu'il abolit la peine de mort en matière politique, dans la déclaration des 26-29 février 1848.

On sait que les préfets avaient été remplacés,

dans les départements, par des commissaires extraordinaires. Quelques-uns d'entre eux avaient cru pouvoir prendre des arrêtés qui touchaient aux matières législatives ; le décret des 27 – 29 mars 1848 les annula et déclara qu'à l'avenir toutes ces questions devraient être préalablement soumises à l'approbation du pouvoir central. Ces arrêtés n'ont donc eu aucune autorité légale.

Nous devons enfin citer les INSTRUCTIONS dans lesquelles le gouvernement provisoire établissait la manière dont certains décrets devaient être exécutés ; c'est, par exemple, dans l'instruction du 10 mars 1848 qu'il organisa le corps électoral chargé d'élire les représentants à l'assemblée nationale.

Le 4 mai 1848, le gouvernement provisoire résigna ses pouvoirs entre les mains des députés élus par le suffrage universel. Le 8 mai l'assemblée nationale constituante déclara qu'il avait bien mérité de la patrie. Le 9, elle confia le pouvoir exécutif à une commission, composée de cinq membres, qui devait choisir les ministres hors de son sein.

Nous retrouvons, dès lors, les mêmes sources

du droit que sous la monarchie , mais avec des noms différents.

Le pouvoir exécutif prend des *arrêtés* qui remplacent les ordonnances royales. Du reste le 28 juin, la commission exécutive disparut à la suite des terribles émeutes qui ensanglantèrent Paris. L'assemblée nationale confia le gouvernement au général Cavaignac , avec le titre de président du conseil des ministres. Les *arrêtés* administratifs furent promulgués dès lors en son nom, après avoir pris l'avis du conseil d'Etat lorsque la loi l'exigeait.

Le pouvoir législatif appartenait exclusivement à l'assemblée nationale constituante , qui l'exerçait conformément à son règlement. Cet état de choses a duré jusqu'à la mise en vigueur de la constitution de 1848.

Nous avons donc à examiner comment l'assemblée faisait les actes législatifs qu'elle appelle des *décrets*, et comment elle a fait la constitution.

A. *Comment l'assemblée faisait-elle les décrets ordinaires ?*

Pour bien le comprendre , il faut dire un mot de sa constitution intérieure. Elle était divisée en quinze *comités* permanents, ayant chacun leur spécialité. Ainsi : comité des cultes ; comité chargé de rechercher les moyens d'améliorer le sort des travailleurs ; comité de la justice ; comité des travaux publics, etc. Les représentants s'inscrivaient jusqu'au nombre de soixante dans chacun des comités. S'il y avait trop d'inscriptions, ou si certains membres ne s'étaient pas fait inscrire , le président et les vice-présidents procédaient à la répartition. On avait voulu utiliser ainsi les connaissances particulières de chacun des représentants, mais l'expérience n'a pas produit les résultats que l'on attendait (V. au *Moniteur* du 14 mai 1848, le rapport du citoyen Stourm).

A moins que l'assemblée n'en décidât autrement, les comités étaient chargés de l'examen des propositions de lois et des pétitions rentrant dans leurs attributions. Du reste , l'entrée des comités était ouverte à tous les membres , qui pouvaient venir assister à leurs travaux , mais sans qu'on leur donnât voix delibérative ou consultative dans ces réunions (Règl. du 20 mai 1848, art. 10, 11, 12). Il y avait en outre quinze *bureaux* tirés au sort tous les mois. On avait maintenu cette division pour conserver des rapports suivis entre tous les représentants, qui sans cela seraient restés parqués dans leurs comités et auraient fini par former des coteries. Les bureaux s'occupaient des propositions qui leur étaient transmises par l'assemblée (art. 14, 22 du règl.). Enfin, quand on le jugeait convenable, on pouvait nommer des *commissions* spéciales, dont la composition variait, car les membres en étaient choisis ou par le président ou par tous les représentants en assemblée publique (art. 14 du règl.).

L'initiative parlementaire appartenait soit au pouvoir exécutif, par l'intermédiaire des ministres, soit aux divers membres de l'assemblée.

Dans son rapport sur le règlement, M. Duvergier de Hauranne faisait remarquer qu'on appliquait les mêmes règles aux projets émanant du gouvernement et à ceux venant des membres de l'assemblée. Cependant il faut remarquer que les premiers étaient toujours renvoyés à un comité ou à une commission (Règl. art. 62, 63, et le *Moniteur* du 17 mai 1848).

Au contraire, les propositions faites par un député devaient être appuyées par *cinq* membres d'abord, et depuis le 10 juin 1848 par *vingt-cinq*. On voulait rendre moins nombreuses les propositions qui surgissaient tous les jours à la tribune Dans ce même but on modifia le règlement le 28 juin et on y inséra les trois articles que voici :

Art. 1ᵉʳ. Toute proposition faite par un représentant sera déposée sur le bureau de l'assemblée, distribuée et transmise par le président au *comité* correspondant.

Art. 2. Le comité en délibérera après avoir entendu les explications du représentant, et s'il n'est pas d'avis de donner suite à la proposition, il en fera dans les dix jours un rapport sommaire à l'assemblée. Si l'auteur de la proposition réclame l'urgence, et que le comité la reconnaisse, le rapport devra être fait dans les trois jours.

Art. 3. Si l'assemblée, malgré l'opinion du comité, ou si le comité lui-même est d'avis de donner suite à la proposition, il est procédé conformément au règlement (V. le *Moniteur* du 29 juin 1848).

Dans ce cas, à un jour fixé, on discutait d'abord sur le principe et l'ensemble. Un premier vote décidait si l'on passerait à la discussion des articles. Ceci s'appliquait également aux projets du gouvernement (art. 55 du règlement). Si l'affirmative était admise, on s'occupait des articles et des amendements. Enfin on votait sur l'ensemble de la proposition, sauf à renvoyer au comité ou à la commission pour coordonner la rédaction définitive avec les amendements adoptés (V. art. 56, 57, 58 du règlement).

Quand il s'agissait de voter, on procédait de trois manières différentes :

1° Le vote par assis et levé, dont le résultat était proclamé par le président et les secrétaires (art. 40 du règlement).

2° Le vote au scrutin secret, quand il était demandé par *quarante* membres, soit à haute voix, soit par une liste déposée (art. 44 du règlement). Chaque représentant recevait, dans ce cas, deux boules, l'une blanche, l'autre noire. Il mettait la boule, expression de son vote, dans une urne placée sur la tribune, et l'autre, comme contrôle, dans une seconde urne disposée sur le bureau des secrétaires. Après l'appel nominal et le réappel, on comptait les boules (art. 45 du règlement).

3° Il y avait enfin le vote par *division*, quand

il était demandé par *vingt* membres (art. 43 du règlement).

Dans les premiers temps, le vote par division était organisé d'une manière assez bizarre. Les députés qui adoptaient la proposition sortaient par la porte de droite ; les députés qui votaient contre, sortaient par la porte de gauche.

A chaque porte, deux secrétaires remettaient aux membres une boule destinée à être placée dans une urne de contrôle. Vingt membres pouvaient demander que le nom des votants fût inscrit au *Moniteur* avec leur vote (art. 41, 42). Ce système faisait perdre beaucoup de temps, déplaçait l'assemblée, et à la fin du vote, il ne restait plus dans la salle que les huissiers.

On adopta un mode d'action plus digne d'une assemblée délibérante, dans la séance du 19 juin 1848 (V. *Moniteur* du 19).

A la place de chaque représentant se trouvaient *deux* cartes imprimées portant son nom : l'une, qui était blanche, indiquait l'adoption ; l'autre, qui était bleue, servait pour le rejet des propositions. Lorsqu'il fallait voter les huissiers passaient avec des urnes, dans les travées qui séparaient les bancs et recevaient les bulletins.

Le dépouillement était fait immédiatement sur le bureau du président, et le résultat proclamé. Il fallait la présence de cinq cents membres au moins pour la validité des délibérations (art. 47, 64 du règlement).

Les décrets adoptés étaient de suite insérés au *Moniteur* et au *Bulletin des lois* par les soins du président. (art. 65 du règlement). On voit que le pouvoir exécutif ne prenait plus aucune part à la promulgation des lois. La sanction avait complètement disparu.

B. *Comment l'assemblée a-t-elle fait la constitution ?*

En vertu d'un décret des 2-9 juin 1848, on nomma une commission chargée de rédiger un projet, qui fut imprimé, distribué et discuté dans tous les bureaux.

Chaque bureau choisit un rapporteur chargé d'aller demander à la commission les modifications que l'on croyait nécessaires.

Après ces observations, la commission présenta un projet définitif, qui fut discuté article par article en séance publique, avec les amendements, sous amendements, etc. Enfin, conformément à un décret des 11 – 22 août 1848, après le vote des articles, on renvoya le projet à la commission pour proposer, dans les cinq jours, les changements dont le projet lui paraîtrait susceptible. Après avoir statué sur ce dernier point, l'assemblée passa au vote définitif de la constitution, qui fut adoptée au scrutin de division, le 4 novembre 1848.

On sait que l'assemblée nationale avait décidé qu'elle serait *constituante* jusqu'à sa séparation, et pour voter les lois qu'elle avait encore à faire, par exemple les lois organiques (V. décrets du 4 novembre et du 11 décembre 1848), elle suivait son règlement, sans se soumettre aux formes indiquées par la constitution. Il en résultait que le président de la République ne pouvait pas exiger une nouvelle discussion ; que la promulgation était toujours faite, après un seul vote et par les soins du bureau de l'assemblée (V. décret des 28 oct.–1er nov. 1848, art. 6).

Cependant le 3 janvier 1849, l'assemblée modifia sa manière de voter les lois. Plusieurs fois on s'était aperçu que des décrets avaient été adoptés avec trop de précipitation. Un jour, par exemple, à l'occasion d'un exposé fait par le ministre des finances, sur l'état fâcheux du trésor public, on avait supprimé d'enthousiasme l'impôt sur le sel, ce qui aurait constitué un nouveau déficit de soixante millions, si on n'était pas revenu, quelques jours après, sur cette décision.

Pour éviter qu'à l'avenir des faits semblables ne pussent se réaliser, l'assemblée décida que, sauf l'urgence dûment constatée et votée, aucun projet de loi ne pourrait être adopté définitivement qu'après *trois* délibérations à des intervalles de *cinq* jours au moins.

La première délibération portait sur l'ensemble du projet ; on décidait alors si l'on devait s'arrêter ou passer outre. La seconde était consacrée au vote des articles et des amendements ; on statuait encore sur la question de savoir si l'on irait plus loin. Enfin dans la troisième délibération on votait sur l'ensemble de la loi.

Les amendements présentés entre la seconde et la troisième délibération devaient être communiqués à la commission, imprimés et distribués un jour avant la discussion. Ceux que l'on voulait faire admettre au moment du dernier vote , devaient être pris en considération par l'assemblée, puis renvoyés à la commission pour être examinés et discutés ensuite.

Une proposition repoussée ne pouvait plus être représentée avant un délai de trois mois.

Le 29 janvier 1849, l'assemblée nationale réduisit le nombre des lois organiques qu'elle devait voter. Elle se sépara le 27 mai, après un discours de son président , M. MARRAST , discours dans lequel il résuma ce qu'avait fait la constituante : « L'assemblée entière, porte le *Moniteur* du 28 mai, se lève avec enthousiasme, et fait retentir la salle des cris répétés de : Vive la République (1).

(1) Le *Moniteur* du 30 mai, rendant compte de la première séance de l'assemblée législative, constate qu'après une proposition de M. Landolphe , d'acclamer la république, « les membres siégeant au banc supérieur de la gauche , et quelques membres dans les autres parties de la salle, se lèvent et crient : Vive la République ! Les autres restent assis et silencieux. » Ce ne fut qu'après un discours explicatif et restrictif de M. Ségur d'Aguesseau que ce cri fut proféré par toute l'assemblée. Il suffit du reste

Chapitre deuxième.

L'ASSEMBLÉE NATIONALE LÉGISLATIVE.

—

Comme nous l'avons déjà dit , la constituante avait déclaré , le 28 octobre 1848 , que jusqu'à l'installation de la prochaine assemblée législative, elle entendait conserver tous les pouvoirs dont elle était saisie , sauf le pouvoir exécutif confié au président.

Il résulte de là, que la constitution de 1848 n'a été réellement mise à exécution, au point de vue législatif, qu'à partir du mois de mai 1849. A ce moment le vocabulaire lui-même va changer. M. Vivien disait, dans la discussion de la constitution: « Nous avons voulu que les actes du pouvoir législatif fussent qualifiés LOIS ; ceux du président

de lire cette première séance pour prévoir et comprendre les événements qui se sont réalisés depuis. — La majorité venait avec l'intention de détruire ce qui existait, la seule question était de savoir au profit de qui on le détruirait? Là on ne s'entendait plus.

de la République DÉCRETS, et les actes des ministres, dont nous ne nous sommes pas occupés, pourront être appelés ARRÊTÉS. » Il faut ajouter à cette énumération les règlements d'administration publique dont quelques-uns vont prendre un caractère tout particulier en vertu de l'article 75, § 2 de la constitution : « Le conseil d'Etat fait *seul*, ceux de ces règlements à l'égard desquels l'assemblée nationale lui a donné une délégation spéciale. »

Nous examinerons dans trois sections comment, sous l'assemblée législative de 1849, on faisait les lois, les règlements spéciaux d'administration publique et les décrets présidentiels.

SECTION PREMIÈRE.

Des lois sous l'assemblée législative.

La constitution de 1848 avait confié le pouvoir législatif à *une seule* assemblée élue par le suffrage direct et universel. Il y avait ordinairement 750 représentants et 900 quand il s'agissait de réviser la constitution (art. 20 à 28). C'était un déplorable système, vainement combattu à la tribune par les hommes qui avaient réellement et sérieusement étudié la science politique. Sous prétexte de pouvoir librement marcher dans la voie du progrès et des améliorations sociales, la majorité voulut un corps législatif, libre de tout frein, exempt de tout contrôle. Et pourtant l'expérience l'avait démontré en France comme dans les autres pays ; une assemblée unique s'infatue d'elle-même et de son omnipotence ; elle précipite ses résolutions, mutile ses discussions ; il s'y forme facilement une majorité tyrannique qui ne tient plus compte de la minorité et la pousse à des extrémités terribles. Son règlement lui - même ne peut pas la contenir , puisqu'elle a toujours le droit de le changer. Et puis si elle se trouve en présence d'un pouvoir exécutif indépendant, issu comme elle du suffrage populaire , les occasions de conflits naissent à chaque instant ; rien ne les prévient, rien ne les modère, et l'on arrive fatalement à une époque où l'un des deux pouvoirs renverse l'autre. Une assemblée unique est un excellent instrument pour faire une révolution, mais non pas pour la régler une fois faite , pour l'organiser et pour en conserver les résultats. L'assemblée législative de 1849, a été elle-même un des exemples les plus frappants de cette vérité. Après un peu plus de deux ans d'exercice, les choses en étaient venues à ce point que la France touchait à l'anarchie. Sans majorité homogène, flottant entre trois ou quatre partis qui ne voulaient plus de la république et qui ne pouvaient s'entendre sur le gouvernement à venir, s'épuisant en discussions stériles, redoutant le chef du pouvoir exécutif et n'osant pas l'attaquer en face, l'assemblée marchait à une catastrophe certaine, qui n'a été évitée que par le coup d'état du deux décembre 1851.

Quoiqu'il en soit, c'était donc à une seule assemblée qu'appartenait le droit de faire les lois. Cependant le droit *d'initiative* était reconnu au président de la République et à tous les représentants.

Quand le chef du pouvoir exécutif voulait faire présenter une loi, il devait d'abord soumettre le projet à un conseil d'Etat élu par l'assemblée (1)

(1) D'après la loi organique du 3 mars 1849, le conseil d'Etat était composé : 1° de quarante conseillers élus par

(art. 72, 75 de la constitution). La loi organique du 3 mars 1849, article 1er, dispense de ce préliminaire : les lois fixant le budget ; 2° les projets de lois de crédits supplémentaires ; 3° les lois déterminant le contingent militaire ; 4° les ratifications des traités ; 5° les projets de loi d'urgence. En dehors de ces exceptions , l'assemblée devait renvoyer au conseil d'Etat tous les projets dont le gouvernement l'avait saisie irrégulièrement.

Les propositions émanant du gouvernement étaient présentées par les ministres, déposées en

l'assemblée nationale ; 2° de vingt-quatre maîtres des requêtes choisis par le président de la République sur une liste double en nombre , dressée par le président du conseil d'Etat et les présidents de section ; 3° de vingt-quatre auditeurs nommés au concours. Il se divisait en trois sections : section de législation, section d'administration , section du contentieux administratif. Il y avait enfin un secrétaire général et un secrétaire du contentieux. Dans l'esprit des auteurs de la constitution de 1848, le conseil d'Etat était destiné à servir d'intermédiaire entre l'assemblée et le pouvoir exécutif. On voulait qu'il suppléât en partie à une seconde chambre, mais on ne lui avait pas donné des pouvoirs suffisants pour remplir cette mission.

tre les mains du président après lecture , s'il y avait lieu , imprimés avec l'exposé des motifs et renvoyés aux bureaux.

L'initiative parlementaire des membres de l'assemblée, porte l'article 39, §3 de la constitution, est exercée selon les formes tracées par le règlement.

L'assemblée législative n'adopta pas en entier le règlement de la constituante ; elle le modifia sous un grand nombre de points de vue. La présentation du nouveau règlement eut lieu le 23 juin 1849, et le vote sur l'ensemble le 6 juillet suivant. On peut lire au *Moniteur* les discussions violentes auxquelles donnèrent lieu certains articles. Remarquons que la partie relative à la confection des lois fut déclarée obligatoire immédiatement après son adoption (V. le *Moniteur* du 30 juin 1849).

En ce qui concerne notre travail , voici le résumé de ce règlement :

Les *comités* de l'assemblée constituante sont supprimés comme étant plutôt nuisibles qu'utiles. Il y a seulement *quinze* bureaux renouvelés chaque mois par la voie du sort ; ils doivent examiner les projets qui leur sont renvoyés par l'assemblée et après discussion ; ils nomment chacun un commissaire. Les quinze membres, ainsi élus, forment la commission chargée de présenter à l'assemblée le projet rédigé en forme d'articles. Du reste, l'assemblée peut, si elle le veut, nommer une commission, ou bien renvoyer à une commission déjà nommée, ou enfin soumettre le projet au conseil d'Etat pour lui demander son avis (V. art. 75 de la constitution et les articles 9 à 27 du règlement du 6 juillet).

A côté des bureaux, il y a un certain nombre de commissions permanentes. Celle du budget, par exemple, composée de trente membres, était nommée pour tout le temps que durait la discussion de cette loi. Les autres, modifiées chaque mois dans les bureaux, avaient des missions diverses. Ainsi, d'après l'article 23, « une commission de trente membres, renouvelée chaque mois dans les bureaux, est chargée d'examiner *les propositions émanant de l'initiative parlementaire,* et de donner son avis sur la prise en considération. » C'était une manière efficace d'éviter la perte de temps qu'avait occasionnée le trop grand nombre de propositions faites à la tribune.

Voici comment on procédait sur ce point : toute proposition , émanant d'un représentant , était formulée par écrit et remise au président. Celui-ci, après en avoir donné connaissance à l'assemblée, la renvoyait à la commission spéciale (art. 74 du règlement). L'auteur de la proposition avait le droit d'assister , avec voix délibérative , aux séances de la commission. Dans les dix jours on faisait un rapport sommaire concluant au rejet pur et simple ou à la prise en considération. Au jour fixé par elle, l'assemblée votait sur ce rapport. Si elle prenait le projet en considération, on le renvoyait aux quinze bureaux ; sinon il était repoussé et ne pouvait plus être représenté avant un intervalle de six mois (1). (Art. 75 à 78 du règlement).

Si le gouvernement ou les députés, auteurs de la proposition , pensaient qu'il y avait urgence , ils devaient en faire l'objet d'un exposé de motifs spécial (art. 42 de la constitution). L'assemblée votait sur la prise en considération de l'urgence ,

____

(1) Un projet ajourné après la prise en considération , pouvait être représenté quand il s'était écoulé trois mois.

et renvoyait, s'il y avait lieu, à une commission chargée de faire un rapport sur cette question, et incidemment sur le fonds (V. *Moniteur* du 27 juin, et art. 83 à 89 du règlement). On voit que l'on voulait, autant que possible, éviter les votes par entraînement et par surprise. L'expérience avait démontré, sous la constituante, que chaque membre, en faisant une proposition, voulait la faire considérer comme essentiellement urgente.

Pour les lois ordinaires, lorsque la commission avait terminé son rapport, elle le déposait sur le bureau du président; on l'imprimait, on le distribuait et l'assemblée fixait le jour de la discussion. Remarquons ici que les ministres, et même des commissaires nommés par le président de la République, pouvaient venir prendre part aux débats (art. 69 de la constitution).

Pour voter valablement, il fallait la moitié plus un des membres de l'assemblée (art. 40 de la constitution). On pouvait toujours proposer la question préalable, c'est-à-dire prétendre qu'il n'y avait pas lieu à délibérer, et l'assemblée votait nécessairement sur cette question (art. 39 du règlement).

Les lois devaient être soumises en principe à *trois* délibérations successives à des intervalles qui ne pouvaient être moindres de *cinq* jours (art. 41 de la constit.). Mais cette règle n'était pas applicable : 1° en cas d'urgence déclarée ; 2° au budget et à la loi des comptes ; 3° aux lois d'intérêt local. Dans ces hypothèses il suffisait d'un seul vote après le rapport de la commission.

En dehors des exceptions, la première délibération portait spécialement sur l'ensemble du projet. L'assemblée était consultée pour savoir si elle voulait passer à la seconde délibération.

A la deuxième, il était procédé au vote de chaque article et des amendements qui s'y rapportaient. L'assemblée décidait si elle devait passer à la troisième épreuve.

Enfin, après la dernière discussion, qui comprenait l'ensemble et les dispositions particulières du projet, il était procédé au vote définitif (art. 64 du règl.).

Il est certain qu'avec ce système on évitait les votes de surprise, mais rien ne balançait la mauvaise direction que pouvait prendre la majorité.

Les amendements étaient écrits et remis au

président. L'auteur les développait, mais l'assemblée ne s'en occupait point s'ils n'étaient pas appuyés. On votait quelquefois immédiatement sur les amendements, le plus souvent on les renvoyait à la commission (V. art. 65 à 69 du règl.).

Il y avait trois modes de votation employés par la législative :

1° Le mode par *assis et levé,* qui était de droit sur toutes les questions, sauf quelques exceptions (art. 48 du règl.).

2° *Le scrutin public,* qui est l'ancien scrutin par division ; le nom seul est changé. Il avait lieu de droit : 1° après deux épreuves douteuses; 2° sur tous les projets de loi portant ouverture de crédits, autres que ceux d'intérêt local ; 3° quand il était demandé par *vingt* membres, qui déposaient entre les mains du président une liste signée. Le nom des signataires et des votants était inscrit au *Moniteur.* Quant à la forme du vote en lui-même , elle était identique à celle qu'on observait sous la constituante (art. 50 à 55 du règl.).

3° *Le scrutin secret,* qui pouvait également être réclamé par *quarante* membres. Les noms des signataires de la demande étaient inscrits au

Moniteur. On votait alors par boule blanche et par boule noire. Si on demandait l'appel nominal, l'assemblée prononçait préalablement par assis et lévé sans débats (art. 56 et 57 du règl.).

Le président de l'assemblée proclamait le résultat des votes, et envoyait les projets adoptés au président de la République, pour qu'il eût à les promulguer.

Le chef du pouvoir exécutif n'avait pas de *veto* vis-à-vis de l'assemblée ; seulement la constitution lui donnait le droit de demander, par un message motivé, une seconde délibération. Pour les lois urgentes, il devait faire cette demande avant le délai des trois jours fixés pour leur promulgation, et quant aux autres lois, avant l'expiration du mois (art. 57, 58 de la constit.). A la réception du message, l'assemblée se réunissait dans ses bureaux et nommait une nouvelle commission pour faire un rapport sur lequel on discutait une seconde fois. Si l'assemblée persistait, le président de la République devait promulguer dans les trois jours. Dans tous les cas, à défaut de promulgation par le président de la République, dans les délais déterminés, il y était pourvu par

le président de l'assemblée nationale (art. 59 de
la constit.).

SECTION IIe.

Des règlements d'administration publique faits par le conseil d'Etat.

Nous savons que l'article 75, § 2 de la constitution, avait donné une attribution toute nouvelle au conseil d'Etat, en ce qui touche les règlements d'administration publique. La loi organique du 3 mars 1849, article 4, déclare : « seront seules considérées comme contenant cette délégation, les lois portant expressément que le conseil d'Etat fera un règlement d'administration publique pour en assurer l'exécution. »

La préparation de ces règlements était confiée à la section de législation (art. 29, loi du 15 mars 1849), composée de seize conseillers d'Etat, d'un maître des requêtes (1) et de neuf auditeurs (règl. du 26 mai 1849, art. 1). Le rapport de la section devait être présenté à l'assemblée générale, et

____

(1) Il a été supprimé par le règlement du 15 juin 1850.

sauf les cas d'urgence déclarée par le conseil d'E-
tat, les règlements d'administration publique passaient par l'épreuve de *deux* délibérations successives, à trois jours d'intervalle (art. 28 du règl.
du 15 juin 1850).

On transmettait les règlements d'administration publique adoptés, au président de la République, et celui-ci devait les promulguer dans le
mois. Cependant il pouvait demander également
au conseil d'Etat un second examen, après lequel
il en référait à l'assemblée nationale, s'il ne croyait pas utile de procéder à la promulgation (art.
28, 29 du règl. du 15 juin 1850).

SECTION IIIe.

Des décrets du président de la République.

D'après la constitution, les actes du président
de la République, autres que ceux par lesquels il
nommait ou révoquait les ministres, n'avaient
d'effet qu'autant qu'ils étaient contresignés par
un ministre (art. 67).

Il y avait ensuite des actes qu'il ne pouvait
faire qu'après avoir obtenu l'avis *conforme* du

conseil d'Etat, qui se trouvait donc avoir une sorte de *veto* vis-à-vis du président de la République (V. la résolution interprétative prise par l'assemblée nationale les 2-8 mars 1849). Ainsi, d'après l'article 55 de la constitution, il ne pouvait faire grâce à un condamné qu'après l'avis du conseil d'Etat ; et suivant la gravité des peines, la question était soumise à l'assemblée générale, à la section de législation, ou à une commission permanente de cinq membres (art. 10, 13, 14, du règl. du 15 juin 1850). Cet avis était encore imposé pour la révocation des agents du pouvoir exécutif élus par les citoyens (art. 65) ; pour la dissolution des conseils généraux, cantonnaux et municipaux (art. 8. V. les art. 10, 12 du règl. du 15 juin 1850).

Quant aux autres décrets, nous retrouvons les anciens principes suivis pour les ordonnances royales. Tantôt le président peut les faire seul ; tantôt il lui faut l'avis du conseil d'Etat, et alors on les soumet soit à l'assemblée générale, soit à l'une des deux sections. L'article 9 du règlement du 15 juin 1850, énumère les projets de décrets qui doivent être portés à l'assemblée générale. Ce sont, par exemple, l'enregistrement des bulles et autres actes du Saint-Siége ; les recours pour abus ; les autorisations de congrégations religieuses ; les naturalisations ; les établissements d'octroi , etc.. L'article 15 déclare que les projets de décrets non compris dans l'article 9, et qui devaient, d'après les lois antérieures, être portés à l'assemblée générale du conseil d'Etat, seraient soumis à la délibération de la section d'administration seulement.

Quant aux détails à donner sur les autres actes émanant du pouvoir exécutif et de ses agents , tels que les arrêtés des préfets et des maires, nous croyons devoir renvoyer aux ouvrages qui s'occupent spécialement du droit administratif (1).

(1) Voir l'excellent ouvrage intitulé : *Répétitions écrites sur le droit administratif,* par M. Cabantous.— Laferrière, *Droit public et administratif,* édit. de 1850. — Foucart, *Eléments de droit public et administratif.* quatrième édition.

Chapitre troisième.

LA PRÉSIDENCE ET L'EMPIRE.

—

Le 2 décembre 1851, le président de la République décrétait ;

Art. 1ᵉʳ. — L'assemblée nationale est dissoute.

Art. 3. — Le peuple Français est convoqué dans ses comices....

Le même jour et dans une proclamation énergique, le chef du pouvoir exécutif posait nettement la question. « Je fais donc, disait – il, un appel loyal à la nation tout entière, et je vous dis : si vous voulez continuer cet état de malaise, qui nous dégrade et compromet notre avenir, choisissez-en un autre à ma place, car je ne veux plus d'un pouvoir qui est impuissant à faire le bien, me rend responsable d'actes que je ne puis empêcher, et m'enchaîne au gouvernail quand je vois le vaisseau courir vers l'abîme. Si, au contraire, vous avez confiance en moi, donnez-moi les moyens d'accomplir la grande mission que je tiens de vous..... » Et Napoléon posait les bases de la constitution qu'il voulait pour la France. Le décret du 4 décembre fixa définitivement la manière de voter sur le plébiscite, au scrutin secret, par *oui* et par *non*. Tous les Français âgés de 21 ans, jouissant de leurs droits civils et politiques, étaient appelés à prendre part au vote.

En attendant la décision de la nation, le président de la République exerça le pouvoir législatif dans toute sa plénitude avec le concours d'une *commission consultative* dont les fonctions furent réglementées par un décret du 11 décembre. — Elle devait : 1° opérer le recensement des votes sur le plébiscite ; 2° donner son avis sur les projets de décrets en matière législative, qui lui étaient soumis par le président ; 3° remplir les fonctions déléguées au conseil d'Etat par l'article 12 de la loi du 19 juillet 1845, ce qui se rapportait surtout aux règlements d'administration publique. Pour répondre à ce dernier ordre d'idées, on créa dans la commission consultative une section d'administration organisée par le décret des 16 – 20 décembre 1851.

Le 31 décembre , la commission consultative

constata que 7,439,216 votants, contre 640,737 avaient donné raison au président. Ce résultat fut promulgué dans le décret des 31 décembre 1851 - 3 janvier 1852. On y lit : « Le peuple Français veut le maintien de l'autorité de Louis-Napoléon Bonaparte et lui délègue les pouvoirs nécessaires pour établir une constitution sur les bases proposées dans sa proclamation du 2 décembre 1851. »

La constitution promise était achevée le 14 janvier 1852. Elle confiait le pouvoir exécutif pour *dix ans* au président de la République ; il devait gouverner avec l'aide du conseil d'Etat, du sénat et du corps législatif.

Rien ne peut mieux faire comprendre l'esprit de la constitution nouvelle, que la proclamation mise en tête par son auteur ; aussi allons - nous transcrire les passages qui se rapportent spécialement au corps législatif (1).

« Néanmoins, disait Napoléon, plus un homme est haut placé, plus il est indépendant , plus la confiance que le peuple a mise en lui est grande,

(1) Le retour aux institutions de l'empire napoléonien est solennellement indiqué dans la première partie de la proclamation.

plus il a besoin de conseils éclairés, consciencieux. De là la création d'un *conseil d'Etat*, désormais véritable conseil du gouvernement, premier rouage de notre organisation nouvelle, réunion d'hommes pratiques élaborant les projets de loi dans des commissions spéciales, les discutant à huis-clos, sans ostentation oratoire, en assemblée générale, et les présentant ensuite à l'acceptation du corps législatif....

« Une chambre qui prend le titre de *corps législatif*, vote les lois et l'impôt. Elle est élue par le suffrage universel, sans scrutin de liste. Le peuple choisissant isolément chaque candidat, peut plus facilement apprécier le mérite de chacun d'eux. La chambre n'est plus composée que d'environ 260 membres. C'est là une garantie du calme des délibérations... Le *compte-rendu* des séances, qui doit instruire la nation, n'est plus livré, comme autrefois, à l'esprit de parti de chaque journal. Une publication officielle, rédigée par les soins du président de la chambre en est seule permise.

« Le corps législatif discute librement la loi, l'adopte ou la repousse, mais il n'y introduit pas à l'improviste de ces *amendements* qui dérangent souvent toute l'économie d'un système et l'ensemble du projet primitif. A plus forte raison n'a-t-il pas cette *initiative* parlementaire qui était la source de si graves abus, et qui permettait à chaque député de se substituer à tout propos au gouvernement, en présentant les projets les moins étudiés, les moins approfondis....

« Une autre assemblée prend le nom de *sénat*. Elle sera composée des éléments qui dans tout pays créent les influences légitimes, le nom illustre, le talent et les services rendus.

« Le sénat n'est plus, comme la chambre des pairs, le pâle reflet de la chambre des députés, répétant à quelques jours d'intervalle, les mêmes discussions sur un autre ton. Il est le dépositaire du pacte fondamental et des *libertés compatibles* avec la constitution... Il intervient soit pour résoudre toute difficulté grave qui pourrait s'élever pendant l'absence du corps législatif, soit pour expliquer le texte de la constitution et assurer ce qui est nécessaire à sa marche. Il a le droit d'annuler tout acte arbitraire et illégal, et jouissant ainsi de cette considération qui s'attache à un corps exclusivement occupé de l'examen de grands intérêts ou de l'application de grands principes, il remplit dans l'Etat le rôle indépendant, salutaire, conservateur, des anciens parlements.

« Le sénat peut, de concert avec le gouvernement, modifier tout ce qui n'est pas fondamental dans la constitution ; mais quant aux modifications à apporter aux bases premières sanctionnées par vos suffrages, elles ne peuvent devenir définitives qu'après avoir reçu votre ratification. Ainsi le peuple reste toujours maître de sa destinée (1). »

Nous devons, à notre point de vue, noter généralement l'article 58 de la constitution de 1852, parce qu'il déclare que les décrets rendus par le président de la République, depuis le deux décembre jusqu'à l'organisation des grands corps de l'Etat, *auront force de loi.* Ce fut le 28 mars 1852, que cessa ce que l'on pourrait appeler la dictature du président, et que la constitution commença à fonctionner régulièrement.

(1) L'article premier est ainsi conçu : « La constitution *reconnaît, confirme et garantit* les grands principes proclamés en 1789, et qui sont la base du droit public français. »

Pour l'histoire externe du droit, nous avons à examiner divers actes : *a*. Les plébiscites. *b*. Les sénatus-consultes. *c*. Les lois. *d*. Les décrets et les règlements d'administration publique.

A. *Les plébiscites.*

D'après l'article 32 de la constitution, le sénat peut demander des modifications aux bases fondamentales de l'acte constitutionnel , mais l'initiative ne peut être prise que par une demande collective signée de *dix* sénateurs au moins (art. 29, décret du 22 mars 1852). Le sénat discute et vote comme pour les autres sénatus – consultes. Le résultat est porté par le président du sénat au président de la République , qui *avise* et qui , par conséquent, peut refuser de donner suite à la proposition. Dans le cas où il est dans les mêmes dispositions que le sénat, il convoque le peuple qui vote. C'est ainsi que nous verrons bientôt le sénat proposer de faire revivre la dignité impériale, et le peuple accepter par un plébiscite.

B. *Les sénatus-consultes.*
Les uns, comme nous venons de le dire, peu-

vent avoir pour objet des modifications à la constitution, sans toucher à l'essence même du gouvernement (1) (art. 31 de la constit.). Les autres règlent : 1° la constitution de l'Algérie et des Colonies ; 2° tout ce qui n'a pas été prévu par la constitution et qui est nécessaire à sa marche ; 3° le sens des articles de la constitution qui donnent lieu à différentes interprétations (art. 27).

Le décret du 22 mars 1852, art. 16 à 22, détermine la forme des sénatus-consultes ordinaires.

L'initiative appartient soit au président de la République, soit à tout sénateur.

Les projets venant du pouvoir exécutif sont portés et lus au sénat par des conseillers d'Etat à ce commis, discutés dans les bureaux et examinés par une commission chargée de faire un rapport. Les bureaux sont au nombre de *cinq* ; chacun

(1) Voir comme exemples : sénatus - consulte du 25 décembre 1852, sur divers droits reconnus à l'empereur; — sénatus-consulte du 17 juillet 1856, sur la régence de l'empire; — sénatus - consulte du 27 mai 1857, sur la population servant de base au nombre des députés à nommer ; — sénatus-consulte du 17 février 1858, sur le dépôt du serment par les candidats au corps législatif.

d'eux nomme un membre de la commission (art. 7 du décret du 22 mars 1852).

Quand un sénateur veut exercer son droit d'initiative, il doit déposer son projet écrit, on le renvoie aux bureaux, et l'on ne s'en occupe en séance générale que si *trois* bureaux l'ont pris en considération.

Dans ce cas on nomme une commission, et le président du sénat transmet le texte du projet au ministre d'Etat, afin que le gouvernement puisse nommer des conseillers d'Etat pour prendre part à la discussion. Il est donc évident que l'avis doit être transmis en temps utile (art. 32 du décret).

Pendant la discussion dans les bureaux, les sénateurs peuvent présenter des *amendements*, qui sont transmis par le président à la commission, pour qu'elle les apprécie dans son rapport. Si l'assemblée est déjà saisie de la discussion, les amendements ne sont lus et développés qu'autant qu'ils ont l'appui de cinq membres. Le texte en est toujours et à l'avance communiqué aux commissaires du gouvernement. Enfin la commission a le droit de demander que les amendements lui soient renvoyés avant le vote, afin qu'elle puisse les examiner avec plus de soin (art. 18 du décret).

Le vote sur les articles et sur l'ensemble du sénatus-consulte, n'est pas secret; il a lieu à la majorité absolue, par un nombre de votants supérieur à la moitié des membres du sénat (art. 12 du décret).

Le sénatus-consulte adopté est porté au président de la République par le président du sénat ou par deux vice-présidents qu'il délègue. Si le chef du pouvoir exécutif accepte la décision, il la sanctionne et la promulgue ; sinon il n'a pas besoin de faire une déclaration, le défaut de sanction suffit pour manifester son refus (art. 28 de la constit.).

Ajoutons que dans le cas de dissolution du corps législatif, et jusqu'à une nouvelle convocation, qui doit avoir lieu dans les six mois, le sénat pourvoit par des sénatus-consultes d'urgence sur la proposition du président de la République, à tout ce qui est nécessaire à la marche du gouvernement (art. 33 de la constit.).

C. *Les lois.*

L'initiative, en matière législative, appartient exclusivement au président de la République (art.

8 de la constit.). Cependant le sénat peut poser les bases des projets de loi d'un grand intérêt national, dans un rapport qu'il adresse au chef du pouvoir exécutif (art. 30 de la constit.).

Tous les projets de lois ou de sénatus-consultes, émanant du président de la République, sont soumis par lui à l'examen du conseil d'Etat (V. const. art. 47 à 50, et le décret du 22 mars 1852, art. 1 à 5). Quant aux détails qui concernent l'organisation du conseil d'Etat et sa manière de fonctionner, on les trouve dans les deux décrets des 25 et 30 janvier 1852. On y voit comment il est divisé en *six* sections qui correspondent aux divers ministères, et qui sont saisies des projets rentrant dans leur spécialité ; comment la section de législation peut toujours être adjointe à la section qui doit rédiger un projet de loi ou de règlement; comment ces projets portés au grand ordre, sont approuvés en séance générale ; et comment enfin le président de la République, auquel on les soumet, renvoie au corps législatif, après avoir nommé *trois* conseillers d'Etat pour représenter le gouvernement dans la discussion (art. 15 décret du 25 janv. art. 7, 13, 15 décret du 30 janv. 1852).

Le corps législatif est saisi par la lecture que fait l'un des trois conseillers d'Etat, ou bien le président de l'assemblée, si le ministre d'Etat lui a transmis directement le projet.

Les projets sont imprimés, distribués et mis à l'ordre du jour des bureaux, qui les discutent et nomment chacun, au scrutin secret, un membre de la commission chargée de faire le rapport (art. 47, décret du 22 mars 1852).

Il y a *sept* bureaux formés par la voie du sort pour *toute* la session, qui doit durer trois mois d'après l'article 41 de la constitution. La présidence de chaque bureau appartient au doyen d'âge ; le plus jeune membre présent fait les fonctions de secrétaire (art. 43, décret du 22 mars 1852). On voit que les députés n'ont aucune action sur leur organisation intérieure, car d'après l'article 43 de la constitution, le président et les vice-présidents de l'assemblée sont nommés par le chef du pouvoir exécutif. On craignait que l'élection ne donnât lieu à des manifestations politiques qu'on voulait éviter.

Jusqu'au dépôt du rapport, les députés peuvent proposer des *amendements*, et ils sont entendus par la commission. Si celle-ci les accepte, elle en transmet la teneur au président du corps législatif, qui renvoie au conseil d'Etat et il est sursis au rapport.

Si le conseil d'Etat est également d'avis d'accepter l'amendement, on modifie la rédaction de la loi, et il faut que la commission accepte cette modification. Si le conseil d'Etat s'en tient à la première rédaction, ou si la commission ne veut pas adopter les changements proposés par le conseil d'Etat, l'amendement est considéré comme non avenu (articles 48 à 50, décret du 22 mars). Pendant la discussion, les amendements ne sont possibles qu'après *le rejet des articles* ; alors chaque député a le droit de présenter tel amendement qu'il juge convenable, mais il faut toujours l'acceptation du conseil d'Etat.

Dans la même circonstance, si la commission croit devoir faire une *proposition nouvelle*, elle en transmet la teneur au président du corps législatif, qui la renvoie au conseil d'Etat (art. 54 du décret).

Après la lecture, l'impression et la distribution

du rapport de la commission, on arrive à la discussion de la loi ; on examine d'abord *l'ensemble* et on passe ensuite , sans vote préalable , à chacun des articles.

Le corps législatif est donc réduit à cette alternative : accepter ou refuser ce qu'on lui présente ; mais il a le droit de discuter, ce qui établit une grande différence avec le corps législatif de la constitution de l'an VIII.

Le vote a lieu par assis et levé, sur les articles, et au scrutin public sur l'ensemble de la loi. Cependant , pour les lois relatives aux intérêts communaux et départementaux, qui ne soulèvent aucune réclamation, on procède par assis et levé, à moins que dix membres ne réclament le scrutin public (art. 53, 55 du décret du 22 mars). Pour tous les votes, il faut que la majorité des députés soit présente, à peine de nullité.

Le corps législatif ne motive ni son adoption , ni son rejet. La minute du projet adopté, signée par le président et les secrétaires, est déposée aux archives Une expédition revêtue des mêmes signatures est portée par le président et les secrétaires au président de la République (art. 57, 58 du décret du 22 mars).

C'est à ce moment que le sénat intervient dans la confection des lois.

Les projets votés par les députés sont transmis par le ministre d'Etat, au président du sénat, avec les décrets nommant les conseillers d'Etat chargés de soutenir la discussion.

Le président donne lecture du projet ; le sénat décide par assis et levé s'il est nécessaire de le renvoyer aux cinq bureaux, ou bien si l'on doit passer immédiatement à la délibération.

La discussion ne porte que sur cette question : faut-il oui ou non s'opposer à la promulgation ?

Le vote n'est pas secret, et il a lieu à la majorité absolue, comme nous l'avons déjà dit pour les sénatus-consultes (V. art. 8 à 15, décret du 22 mars 1852).

Le résultat de la délibération est transmis par le président au ministre d'Etat.

Le président sanctionne, s'il le veut, le projet adopté par les deux grands corps de l'Etat, et il le promulgue par l'insertion au Bulletin des lois. Rappelons encore, que son silence équivaut au refus de sanction. Il peut se faire, en effet, que depuis la présentation du projet, les circonstances aient changé, ou que la discussion dans les chambres ait amené le gouvernement à modifier son opinion.

D. *Les décrets et les règlements d'administration publique.*

Ici nous retrouvons la même division. Il y a des décrets que le président de la République faisait seul ; d'autres pour lesquels il lui fallait l'avis du conseil d'Etat en assemblée générale , ou dans les sections diverses. Ces détails sont exposés dans le décret du 30 janvier 1852 , article 13 à 16. Nous nous contentons d'y renvoyer les étudiants, d'autant plus que ces matières sont traitées dans tous les cours de droit administratif.

Remarquons seulement que les décrets inconstitutionnels, ceux par exemple qui créeraient des impôts , pourraient être dénoncés au sénat par voie de *pétition*. Si la pétition n'est pas repoussée par la question préalable on avise le ministre d'Etat ; les bureaux sont saisis, ils nomment une commission , et après la discussion en séance générale , il est statué en ces termes : Le sénat *maintient* ou *annule* (art. 21 à 23, décret du 22 mars 1852). Le résultat est transmis au ministre d'Etat.

Le gouvernement peut également saisir lui-même le sénat de la question d'inconstitutiona-lité d'un acte.

La République ne dura pas longtemps après la constitution de 1852 ; et le sénat ne fut que l'organe de l'opinion générale de la France lorsqu'il proposa de soumettre à l'acceptation de la nation le plébiscite suivant : « Le peuple Français veut « le rétablissement de la dignité impériale dans « la personne de Louis – Napoléon Bonaparte , « avec hérédité dans sa descendance directe , « légitime ou adoptive, et lui donne le droit de « régler l'ordre de succession au trône dans la « famille Bonaparte, ainsi qu'il est prévu par le « sénatus-consulte du 7 novembre 1852. »

La France répondit par 7,839,552 suffrages affirmatifs. C'est ainsi qu'après un intervalle de quatre ans, notre pays est revenu à la monarchie héréditaire, mais avec la reconnaissance formelle de la souveraineté nationale ; car l'empereur a adopté pour tous ses actes la formule que voici :

« Napoléon , par la grâce de Dieu et la *volonté*

« *nationale*, empereur des Français... (décret du 2 décembre 1852).

E. *Modifications depuis l'empire. — Discussion de l'adresse.*

L'organisation législative est restée la même sous l'empire que sous la présidence ; cependant le décret du 22 mars 1852 fut un peu modifié par celui des 31 décembre 1852 – 13 janvier 1853. Ainsi, 1° d'après le nouvel article 47, les bureaux de la chambre des députés, et ceux du sénat, au lieu d'être formés par la voie du sort pour toute la session , sont renouvelés *tous les mois* par le même moyen. Puis les bureaux élisent aujourd'hui leurs présidents et leurs secrétaires; 2° l'article 51 autorise la chambre des députés à nommer des commissions de quatorze membres, soit deux par bureau, au lieu de sept, et c'est ce qui a lieu ordinairement pour l'examen du budget ; 3° l'article 54 porte que si la commission accueille un amendement et le renvoie au conseil d'Etat , elle peut déléguer trois de ses membres pour faire connaître au conseil les motifs qui ont déterminé son vote (1). Mais le décret de 1853 ne permettait plus de présenter des amendements une fois le rapport déposé, et cela même après le rejet d'un article.

On ne peut pas se le dissimuler, cette organisation législative, nécessitée par l'état des partis en France, laissait beaucoup à désirer au point de vue libéral. L'empereur, qui le comprenait mieux que personne, et qui sait bien quelle est la tendance générale de l'esprit public, a cru pouvoir entrer dans une voie plus large. Le décret des 24 novembre-11 décembre 1860 est un monument trop important pour ne pas le transcrire en entier.

« NAPOLÉON.... Voulant donner aux grands corps de l'Etat une participation plus directe à la politique générale de notre gouvernement et un témoignage éclatant de notre confiance, avons décrété ce qui suit :

« Art. 1ᵉʳ. — Le sénat et le corps législatif voteront tous les ans, à l'ouverture de la session, une *adresse* en réponse à notre discours.

____

(1) Aujourd'hui le président de la chambre des députés peut se joindre à ces délégués (décret 3 fév. 1861, art. 64).

« Art. 2. — L'adresse sera discutée en présence des commissaires du gouvernement, qui donneront aux chambres toutes les explications nécessaires sur la politique intérieure et extérieure de l'Empire.

« Art. 3. — Afin de faciliter au corps législatif l'expression de son opinion dans la confection des lois et l'exercice du *droit d'amendement* l'article 54 de notre décret du 22 mars 1852 est remis en vigueur, et le règlement du corps législatif est modifié de la manière suivante : Immédiatement après la distribution des projets de loi et au jour fixé par le président, le corps législatif, *avant* de nommer sa commission, se réunit en *comité secret ;* une discussion sommaire est ouverte sur le projet de loi, et les commissaires du gouvernement y prennent part. La présente disposition n'est applicable ni aux projets de loi d'intérêt local, ni dans les cas d'urgence.

« Art. 4. — Dans le but de rendre plus prompte et plus complète la reproduction des débats du sénat et du corps législatif, le projet de sénatus-consulte suivant sera présenté au sénat : « Les comptes-rendus des séances du sénat et du corps législatif , rédigés par des secrétaires rédacteurs, placés sous l'autorité du président de chaque assemblée, sont adressés chaque soir à tous les journaux. En outre, les débats de chaque séance sont reproduits par la sténographie et insérés , *in extenso* , dans le journal officiel du lendemain (1). »

« Art. 5. — L'empereur désignera des *minis-tres sans portefeuille*, pour défendre devant les chambres, de concert avec le président et les membres du conseil d'Etat, les projets de loi du gouvernement. »

Le 3 février 1861, l'empereur a fait publier de nouveau le décret portant règlement des rapports du sénat et du corps législatif, avec l'empereur et le conseil d'Etat, et établissant les conditions organiques de leurs travaux.

Ce décret reproduit celui du 31 décembre 1852, avec quelques modifications nécessitées par les innovations que nous venons de signaler ; ainsi

(1) Voir le sénatus-consulte des 2-4 février 1861, et au *Moniteur* du mois de mars 1861 , la discussion de la première adresse.

les articles 34 et 90 contiennent les formes à suivre pour la rédaction et la discussion de l'adresse.
« Le projet d'adresse en réponse au discours de
l'empereur est rédigé par une commission composée du président et d'un membre nommé par chacun des bureaux de l'assemblée, soit au corps législatif, soit au sénat. Le projet d'adresse est lu
en séance générale, il est imprimé et distribué. —
La discussion a lieu en séance générale — Les
amendements sont rédigés par écrit, remis au
président, et communiqués aux commissaires du
gouvernement. — Aucun amendement n'est lu et
mis en discussion s'il n'est signé de cinq membres. — Le renvoi à la commission est toujours
de droit quand les commissaires du gouvernement ou la commission le demandent. — Après
avoir été voté par paragraphe, le projet d'adresse
est voté dans son ensemble ; les votes ont lieu
conformément à l'art. 19 du présent décret (pour
la chambre des députés conformément aux articles 65 et 67, c'est-à-dire par assis et levé pour
les articles, et au scrutin public pour l'ensemble).
— L'adresse est présentée à l'empereur par une
députation de vingt membres, tirés au sort en

séance publique. Le président et le bureau en font partie. Le président porte la parole. »

Une autre innovation, consacrée par l'article 51 du décret du 3 février 1861, c'est la nomination par la chambre des députés de ses secrétaires par bulletin de liste ; jusque là ces fonctions appartenaient de droit aux députés les plus jeunes.

Enfin l'article 54 reproduit le décret du 24 novembre 1860, sur la discussion sommaire et préalable des projets de loi.

F. *Droit ecclésiastique.*

Pour terminer les notions, bien sommaires, que nous avons voulu présenter aux étudiants, nous n'avons plus qu'à ajouter un mot sur les sources du droit ecclésiastique en France depuis 1789. Ici nous procéderons simplement par énumération. Il y a eu :

Pour le culte catholique : 1° la constitution civile du clergé des 12 juillet-24 août 1790, et les dispositions additionnelles des 15-24 novembre de la même année ; 2° les concordats du 18 germinal an x-13 février 1813-11 juin 1817.

Pour le culte protestant, il y a eu : 1° la loi

du 18 germinal an x ; 2° le décret des 26 mars-5 mai 1852.

Pour le culte israélite, il y a eu : 1° le décret du 17 mars 1808, rendant exécutoire le règlement délibéré par l'assemblée générale des Israélites, le 10 décembre 1806 ; 2° l'ordonnance du 20 août 1823 ; 3° l'ordonnance du 25 mai 1844.

Quant aux détails concernant ces diverses lois, il faut consulter : 1° les éléments de droit public et administratif de M. Foucart, 4e édition, tome 1, pages 547 à 560 ; 2° Laferrière, *Cours de droit public et administratif*, 3e édition, tome 1, pages 257 à 312 ; 3° Cabantous , *droit public* et *administratif*, 2e édition, nos 671 à 678.

F I N.

TABLE MÉTHODIQUE DES MATIÈRES.

                                                     Page

Division générale en sept périodes...................... 1

PREMIÈRE PÉRIODE.

La Gaule avant la conquête romaine.................. 2

DEUXIÈME PÉRIODE.

Depuis la conquête romaine jusqu'à l'invasion des
    Barbares 6
    A. — Édit des citations...................... 10
    B. — Les Codes Grégorien et Hermogénien.... 12
    C. — Le Code Théodosien et les Novelles..... 14

TROISIÈME PÉRIODE.

Depuis l'invasion des Barbares jusqu'à l'établissement
    définitif de la féodalité.................... 17
CHAP. I. Lois des Bourguignons.................. 19
    A. — La loi Gombette...................... 20
    B. — Papiani responsorum liber............. 23
CHAP. II. Lois des Wisigoths.................. 27
    A. — Loi nationale des Wisigoths.......... 27
    B. — Lex romana. — Bréviaire d'Alaric...... 29
CHAP. III. Lois des Francs.................. 33
    A. — Loi salique 34
    B. — Loi des Francs Ripuaires.............. 44

Page

Chap. IV. Des lois personnelles................... 44
      A. — Quant aux personnes................ 48
      B. — Quant aux choses................... 51
Chap. V. Les capitulaires....................... 53
      A. — Comment étaient faits les capitulaires... 54
      B. — Quel était le caractère des capitulaires.. 59
      C. — Monuments dans lesquels ont été conser-
            vés les capitulaires................ 60
Chap. VI. Lois des Normands................... 64
Chap. VII. Les formules....................... 65

QUATRIÈME PÉRIODE.

Depuis la féodalité jusqu'à la rédaction des coutumes. 69
Chap. I. Sources du droit...................... 69
      Section 1. Les coutumes................ 78
      Section 2. Le droit romain 81
      Section 3. Les chartes.................. 84
      Section 4. Les ordonnances royales...... 89
Chap. II. Le droit canonique................... 107
Chap. III. Monuments juridiques du dixième au
            quinzième siècle................... 119
      Section 1. Le Petrus................... 121
      Section 2. Les assises de Jérusalem...... 124
      Section 3. Les conseils à un ami de Pierre
            de Fontaines..................... 129
      Section 4. Les établissements attribués à
            St-Louis 134

Page

Section 5. Les coutumes de Beauvoisis par
Beaumanoir 137
Section 6. Le livre de justice et de plets. —
Coutumiers divers................... 139
Section 7. Les Olim du parlement de Paris. 143

CINQUIÈME PÉRIODE.

Depuis la rédaction des coutumes jusqu'en 1789.... 146
CHAP. I. Rédaction des coutumes............... 150
CHAP. II. Des ordonnances royales............. 162
CHAP. III. Droit canonique.................... 177

SIXIÈME PÉRIODE.

Depuis 1789 jusqu'à la révolution de 1848........ 182
CHAP. I. L'assemblée nationale constituante...... 183
CHAP. II. L'assemblée législative................ 188
CHAP. III. La convention...................... 189
CHAP. IV. Le directoire et la constitution de l'an III. 192
CHAP. V. Le consulat et l'empire............... 197
    A. — Constitution du 22 frimaire an VIII.... 199
    B. — Sénatus-consulte du 16 thermidor an X. 204
    C. — Sénatus-consulte du 28 floréal an XII.. 206
    D. — Loi du 19 août 1807.................. 208
CHAP. VI. Rédaction des codes actuellement en vi-
gueur en France................... 210
    A. — Code civil, appelé depuis code Napoléon. 210
    B. — Code de procédure civile............. 227

                                                      Page
      C. — Code de commerce.................... 230
      D. — Code d'inst. criminelle et code pénal... 233
CHAP. VII. Les deux restaurations. — Les cent-
            jours. — La monarchie de juillet.... 244
      Section 1. Les deux chartes de 1814 et de
            1830.............................. 246
      A. — Charte de 1814.................... 246
      B. — Charte de 1830.................... 249
      Section 2. Comment étaient faites les lois sous
            la restauration et depuis 1830...... 251
      A. — Sous la restauration.............. 251
      B. — Après 1830....................... 255
      Section 3. Des ordonnances royales....... 261
      Section 4. Des avis du conseil d'Etat. Faut-
            il encore appliquer les décrets incons-
            titutionnels de Napoléon Ier?........ 267

SEPTIÈME PÉRIODE.

Depuis 1848 jusqu'en 1861.................... 272
CHAP. I. Le gouvernement provisoire et l'assemblée
            nationale.......................... 272
      A. — Comment l'assemblée faisait-elle les lois ? 276
      B. — Comment l'assemblée a-t-elle fait la
            constitution ? 282
CHAP. II. L'assemblée nationale législative....... 286
      Section 1. Des lois sous l'assemblée législa-
            tive............................... 287

Page

Section 2. Des règlements d'administration publique faits par le conseil d'Etat en vertu de la constitution........... 298

Section 3. Des décrets du président de la République...................... 299

Chap. III. La présidence après le 2 décembre 1851, et l'empire depuis 1852........... 302

   A. — Les plébiscites 308

   B. — Les sénatus-consultes 308

   C. — Les lois 311

   D. — Les décrets et les règlements d'administration publique................ 317

   E. — Modifications depuis l'empire. — Discussion de l'adresse, décret de décembre 1860 349

   F. — Droit ecclésiastique................ 324

FIN DE LA TABLE MÉTHODIQUE.

TABLE ANALYTIQUE ET ALPHABÉTIQUE

Des matières contenues dans ce Volume.

A

Abus (Appel comme d'), 110.

Acte additionnel aux constitutions de l'empire. 1815, 243.

Administration romaine dans les Gaules, 7.

Adresse. (Discussion de l'). Depuis 1860, 319. Réponse à l'adresse, 322.

Affranchis. Chez les peuples germaniques ils suivent la loi du patron, 48.

Aides (Cour des). Ordonnances qu'elle enregistre, 105. Ses remontrances sur la suppression des parlements, 172.

Alaric. Fait rédiger la loi romaine des Wisigoths, 29.

Amendement des lois (Droit d'). D'après la charte de 1830, 256. Sous la constituante de 1848, 284. D'après le règlement de 1849, 295. Il est enlevé aux députés en 1852, 306. Les sénateurs l'ont dans certains cas, 310. Comment on les propose au corps législatif, 313. Restreint en 1853, 319. Comment on l'organise en 1860, 320.

Andegavenses. Formulæ, 66.

Anianus. Signe les exemplaires du Breviarium d'Alaric, 30.

Anségise. Publie les capitulaires, 64.

Aquæ-Sextiæ (Aix). Colonie romaine, 6.

Arrêtés. Des conventionnels en mission , 191. Du directoire, 195. Des consuls, 203. Du comte d'Artois en 1814 , 242. Du gouvernement provisoire en 1848 , 273. De la commission exécutive , 275. Des ministres, 287.

Arrêts. De règlement, 176.

Arvernenses. Formulæ, 66.

Assemblées. Des Gaulois, 4. Des Francs pour faire les capitulaires, 56.

Assemblée. Nationale de 1789, 183. Législative, 188. Constituante de 1848, 276. Législative de 1849 , 286.

Assemblée unique. Ses inconvénients, 287.

Assisses de Jérusalem (les) , 124.

Avis du conseil d'Etat , 204. Sous la restauration, 267. Leur force obligatoire mise en question, 268.

B

Barbares (Invasions des) , 17.

Baluze. Recueil des capitulaires , 63.

Barons (féodaux les). Appelés à prendre part à la rédaction des ordonnances royales, 93.

Beaumanoir. Rédige les coutumes de Beauvoisis, 137.

Benedictus Levita. Auteur de faux capitulaires, 62. De fausses décrétales, 115.

Beugnot (le Cie). Edite les assisses de Jérusalem, 124. Beaumanoir, 139. Les olim du parlement de Paris, 143.

Bignionianæ. Formulæ, 67.

Bigot-Préameneu. Concourt à la rédaction du projet de code civil, 216.

Bonaparte. Premier consul, 200. Consul à vie, 205. Ordonne la rédaction du code civil, 215. Fait rédiger les autres codes, 217. Jure l'acte additionnel de 1815, 244.

Bossuet. Rédige la déclaration du clergé de 1681, 179.

Bourguignons. Etablis dans les Gaules, 18. Leur loi nationale est rédigée, 20.

Bouteiller Jehan. Auteur de la somme rurale, 142.

Bréviaire d'Alaric (le), 29.

Burchard. Decretorum libri, 117.

Bureaux. L'assemblée de 1848 divisée en quinze bureaux, 277. Consérvés en 1849, 291. Le sénat est divisé en cinq bureaux en 1852, 340. Le corps législatif est divisé en sept bureaux, 343. Modifications depuis l'empire, 349.

C

Cambacérès. Présente plusieurs projets de code civil, 213.

Canciani (Recueil de). Barbarorum leges antiquæ, 20.

Canonique (Droit). Au moyen-âge, 107. Depuis le seizième siècle, 177.

Capitulaires (Les), 53. Comment on les faisait, 54. Leur caractère, 59. Recueils des capitulaires, 60. Les faux capitulaires, 63.

Caracalla (Edit de) sur le droit de cité romaine, 9.

Celtique (Droit), 5.

Cent-jours (Les). Législation, 243.

Chambre des députés. Comment elle fait la loi en 1814, 253. Sous la charte de 1830, 255.

Chambre des pairs. Comment elle fait la loi sous la charte de 1814, 254. Sous la charte de 1830, 259.

Chartes (Les) au moyen-âge, 84.

Charte. De 1814; son esprit politique, 246. De 1830; son caractère, 249.

Clergé (Le) dans les Gaules. Il suit la loi romaine, 49. Il repousse les doctrines ultramontaines, 179.

Clémentines (Les). Décrétales, 118.

Clossius, De Tubingue. Publié des loir retrouvées du code Théodosien, 15.

Code civil. Sa préparation, 210. Projets de Cambacérès et de Jacqueminot, 213. Commission nommée par les consuls, 215. Observations des tribunaux d'appel. Discussion au conseil d'état, 216. Promulgation, 218. On l'appelle code Napoléon, 220. Lois qui l'ont modifié, 22 Remaniement sous la restauration, 221. Il reprend le titre de code Napoléon, 221. Esprit philosophique du code civil, 223.

Code de procédure. Sa rédaction , 227. Lois qui l'ont modifié, 229.

Code de commerce. Sa rédaction, 230. Lois qui l'ont modifié, 232.

Codes pénal et d'instruction criminelle. Leur rédaction, 233. Lois qui les ont modifiés, 236.

Codex. Canonum ecclesiastorum, 111.

Codification. Ses avantages, 239.

Codes (Les) Grégorien et Hermogénien, 12.

Code Théodosien (Le) , 14.

Comités (Quinze) permanents sous la constituante de 1848, 277. Supprimés en 1849, 291.

Commission exécutive en 1848, 275.

Commissions du tribunat. Supprimées, 207.

Commissions diverses. Sous la législative de 1849, 292.

Communes. Ont leurs chartes au moyen-âge, 85. Comment elles les acquièrent, 88. Font des établissements, 88.

Comptes (Chambre des), 105.

Comptes-rendus. Des discussions du corps législatif : en 1852, 305. En 1861, 321.

Concile de Trente. L'église gallicane ne l'adopte pas entièrement, 178.

Conférences. Entre le conseil d'Etat et le tribunat, 208. Entre le conseil d'Etat et le corps législatif, 209.

Conseils à un ami de Pierre de Fontaines, 129.

Conseil des cinq-cents. Propose et discute les lois, 193.

Conseil des anciens. Comment il participe à la confection des lois, 194.

15

Conseil d'Etat (Le). Rédige les projets de lois, 201. Fait les règlements d'administration publique, 203-264. Développe le sens des lois, 204. Discute le code civil, 216. Prépare les projets de lois sous la restauration, 252. Nommé par l'assemblée des députés ; sa composition, 289. Délibère sur les projets de lois, 290. Fait des règlements en vertu de la Constitution de 1848, 298. Son avis obligatoire pour le président de la République, 300. Ses fonctions depuis 1852, 305-312. Il statue sur les amendements proposés par le corps législatif, 314.

Constitutions. Des 3-14 septembre 1791, 186. Du 24 juin 1793, 189. Du 5 fructidor an III, 192. Du 22 frimaire an VIII, 199. Du 4 novembre 1848, 282. Du 14 janvier 1852, 304.

Consuls. Nommés pour dix ans, 200. A vie, 204. Retirent le projet de code civil, 217.

Convention nationale, 189.

Corps législatif. Sous le consulat, 201. Il vote sans discuter, 202. Sa composition sous l'empire, 207. Rétabli par la constitution de 1852, 305. N'a pas l'initiative en matière de lois, 312.

Cour plénière. Enregistre les ordonnances sous Louis XVI, 175.

Coutumes (Les). Leur caractère, 78. Leur rédaction ordonnée par Charles VII, 150. Coutumes antérieurement rédigées, 151. Comment on rédigea les diverses coutumes, 154. Coutumes depuis le code civil, 219.

Coutumier général. Recueil des anciennes coutumes, par Bourdot de Richebourg, 154.

Culte catholique (Lois sur le), depuis 1789, 324.

Culte protestant (Lois sur le), depuis l'an X, 324.

Culte israélite (Lois sur le), depuis 1808, 324.

D

Déclaration des quatre articles, 179.

Déclarations royales (Les), 104. Du gouvernement provisoire, 274.

Décrétales (Les fausses). Leur but, 113.

Décrets (Les). De l'assemblée nationale en 1789. 184. De l'assemblée législative, 188. De la convention, 190. Sous l'empire, 209. Du comte d'Artois en 1814, 242. Du gouvernement provisoire en 1848, 276. Du président de la République, 299. De Napoléon en 1852, 307.

Décrets inconstitutionnels, de Napoléon 1er. Leur force obligatoire, 269. Ils sont aujourd'hui dénoncés au sénat par voie de pétition, 317.

Délibérations (Trois) exigées pour les lois, 295.

Délits. Comment le code pénal les définit, 235.

De Fontaines (Pierre). Conseils à un ami, 129.

Denys (Le petit). Codex canonum, 111.

Directoire (Le). Nommé par le corps législatif, 193.

Division (Vote par), 280.

Droit écrit, Droit coutumier (Division de la France en), 69.

Droit canonique (Sources du). Au moyen-âge, 107. Au 16° siècle, 177. Dans les temps modernes, 124.

Droit romain (Le droit) en France, 10, 13, 29, 43, 46, 49, 68, 81, 219.

Druides (Les) dans les Gaules, 14. Persécutés par les Romains, 7.

Duel judiciaire (Le). Aboli par St-Louis dans ses domaines, 94.

E

Ecclésiastiques (Tribunaux), 109.

Échiquier de Normandie (L'), 64.

Edit des citations, 10.

Edits royaux (Les), 104.

Enquétes per turbam, 150. Elles sont abolies, 161.

Enregistrement des ordonnances royales, 99. Expresso mandato regis, 100. Depuis le 16° siècle, 162. Remis à la cour plénière, 175:

Epitome de Julien. Novelles, 68.

Etats généraux. Leur action sur la création des lois, 96. Ils posent les principes du droit public, 147. Ils sont réunis en 1789, 183.

Etablissements attribués à St-Louis, 134.

Etablissements (Les communes font des), 88.

Excommunications. St-Louis refuse de les sanctionner, 108.

F

Féodalité (La). Son origine , 69.

Formulaires. Recueils divers , 65.

France. Divisée en pays de droit écrit et coutumier, 69. Démembrée après Charlemagne , 71.

Francs. Leur introduction dans les Gaules, 33. Loi des Francs Saliens, 34. Des Francs Ripuaires, 44.

Fredum (Le). Amende , 44.

G

Gaïus. Paraphrasé dans le Bréviaire d'Alaric, 31.

Gaule (La) divisée en trois peuples , 3.

Gaulois (Sources du droit chez les), 12.

Ginouilhac. Son appréciation du Papien , 26.

Godefroy (Jacques). Son commentaire du code Théodosien , 16.

Gombette (La loi) chez les Bourguignons , 20.

Gouvernement provisoire (Le) en 1848 , 272.

Gratiani decretum , 117.

Grégoire de Tours , 36.

Grégorien (Le code) , 12.

H

Hermogénien (Le code), 12.

Hincmar. Sa lettre sur les capitulaires, 55. Il repousse les fausses décrétales , 114.

I

Ibelin (Jean d'). Son livre devient la loi du royaume de Chypre , 127.

Initiative en matière de lois : dans la constitution de 1791, 185. Sous la convention, 190. Sous le directoire, 193. Sous le consulat et l'empire, 201. Sous la charte de 1814, 251. Sous la charte de 1830 , 256. En 1848 , 278. Accordée au président de la République; 289. Réglementée en 1849, 291. Enlevée aux députés en 1852 , 306. Accordée aux sénateurs, 309.

Inconstitutionnels. Actes dénoncés au sénat, 200, 206, 306.

Instructions du gouvernement provisoire en 1848, 275.

Instruction criminelle (Code d') , 233.

Interprétations dans le Breviarium , 30.

Interprétation des lois, par le conseil d'Etat, 203· Sous la restauration on rend ce droit au corps législatif , 269.

Isidore de Séville, Recueil des décrétales, 112.

Isidorus peccator. Publie de fausses décrétales, 116.

J

Jacqueminot. Présente un projet de code civil, 215.

Justinien. Sa compilation connue en France, 68.

K

Klimrath. Ses travaux sur le livre de la reyne Blanche , 130. Son mémoire sur les Olim du parlement de Paris, 144. Ses recherches sur la rédaction des coutumes, 149.

L

Laferrière. Renvois à son Histoire du droit français, 2, 64, 66, 71, 74, 85, 107, 113, 115.

Lœti. Ce qu'ils étaient , 18.

Lectures des projets de lois. Sous l'assemblée nationale, 186. Sous le directoire, 193. Au sénat en l'an XII, 206, A l'assemblée en 1849, 284. Depuis 1852 , 313.

Lettres patentes, enregistrées au parlement , 105.

Libertés de l'église gallicane. 178.

Lindenbrogiœ formulæ , 67.

Lits de justice , pour l'enregistrement des ordonnances , 165.

Livre de la reyne Blanche (Le), 131. De justice et de plets, 139.

Loi (La) Gombette, 20. Romaine des Bourguignons. 23. Des Wisigoths , 27. Romaine des Wisigoths , 29. Salique. 34. Ripuaires, 41.

Lois personnelles, 44. Quant aux personnes, 48. Quant aux choses, 51.

Lois des Normands , 64.

Lois modernes. Comment elles ont été faites : Sous l'assemblée constituante de 1789, 184. Sous la législative, 188. Sous la convention, 190. Sous le directoire, 193. Sous le consulat et l'empire, 200. Sous la restauration, 251. Après 1830, 255. En 1848, 276. Sous la législative de 1849, 287. Depuis 1852, 311.

Lois organiques en 1848, 283.

Lois anciennes applicables depuis le code civil, 219.

Lois qui ont modifié les divers codes, 222, 229, 232, 236, 238.

Louis-Philippe. Jure la charte de 1830, 250.

M

Malleville. Secrétaire de la commission du code civil, 216.

Marculphe (Formules de), 65.

Marrast (Armand), président de la constituante de 1848, 285.

Marseille. Colonie phocéenne, 3.

Ministres sans portefeuille, chargés de défendre les projets de lois, 322.

Monarchie (La). Son caractère en France au moyen-âge, 90. Elle devient absolue depuis Louis XI, 146.

Moulins (Ordonnance de). Ce qu'elle contient sur l'enregistrement des ordonnances, 164.

N

Napoléon 1er. Empereur, 206. Prend part à la discussion des codes, 216, 231, 234. Jure l'acte additionnel, 245.

Napoléon (Louis), président de la République. Fait appel à la nation, 302. Promulgue la constitution de 1852, 304. Est élu empereur, 318.

Normands (Lois des), 64.

Novelles (les) appliquées dans les Gaules, 16.

O

Observations des tribunaux sur les projets de code, 216, 228, 230, 233.

Olim (Les) du parlement de Paris, 143.

Orateurs. Du gouvernement au corps législatif, 201. Du tribunat, 202.

Ordonnances royales (Des) au moyen-âge, 89. Comment elles étaient faites en cour des barons, 93. Le parlement les enregistre ; il peut les modifier, les refuser, 100. Ce droit est diminué, 162. Elles sont enregistrées à la cour plénière, 175. Comment elles sont faites depuis 1814, 261. Ordonnances en forme de règlements d'administration publique, 265,

P

Papinien. Il a voix prépondérante dans l'édit des citations, 11.

Papiani responsorum liber. Loi romaine des Bourguignons, 23.

Parlements. Date de leur création, 99. Ils enregistrent les ordonnances, 100. Droit de remontrance et de modification, 101. Ils sont forcés d'enregistrer avant toute remontrance, 169. Le parlement de Paris est exilé à Pontoise, 170. Parlement Meaupou, 172. Le parlement de Paris rappelé, 173. Les parlements sont mis en vacances indéfinies, 176.

Paul (Les sentences de) sont conservées dans le Breviarium, 31.

Pénal (Le code), 233.

Pepin le Bref. Chasse les Wisigoths de France, 28.

Pérégrins. Leur état dans l'empire romain, 7.

Personnelles (Lois), 45.

Pétition (Droit de) au sénat, 317.

Petrus (Le), 121.

Peyron. Publie des lois retrouvées du code Théodosien, 15.

Plébiscites. Comment ils sont faits, 308. Un plébiscite rétablit l'empire, 318.

Polyptiques (Les), 68.

Portalis, commissaire pour la rédaction du code civil, 216.

Président (Le) de la République. Propose des lois, 289. Peut demander une seconde délibération, 297. Promulgue les lois, 297.

Procédure (Le code de), 227.

Promulgation des lois. Sous l'assemblée nationale, 187. Sous la législative, 188 Sous la convention, 190. Sous le directoire, 195. Sous le consulat, 203. Sous l'empire, 207. Sous la restauration, 255. Après 1830, 261. En 1848, 282. Sous la constitution de 1848, 297. Depuis 1852, 314, 316.

Q

Querelles des parlements avec la royauté, 170.

R

Rapetti. Edite le livre de justice et de plets, 140.

Rédaction des coutumes, 150. Des codes français, 210.

Réformation des coutumes, 159.

Règlements d'administration publique, 203, 264, 298, 312, 317.

Réginon. Traité de disciplinis, 117.

Remontrances des parlements à l'occasion des ordonnances, 97, 164, 168, 169.

Résolutions. Décision du conseil des cinq-cents, 194.

Restaurations (Les deux), 241.

Ripuaires (Lois des), 44.

Romain (Le droit). Dans les Gaules, 6. Chez les Bourguignons, 23. Chez les Wisigoths, 29. Chez les Francs, 43. Au moyen-âge, 81. Appliqué jusqu'en 1804, 219.

Rozière (De). Edite les formulæ andegavenses, 66. Publie des formules wisigothes, 67.

Royauté. Son caractère au moyen-âge, 90. Devient absolue, 146. Abolie en France, 189. Rétablie en France comme étant de droit divin, 246. Elle est une délégation de la souveraineté nationale, 248. Abolie en 1848, 272.

S

Salique (La loi), 34. Sa rédaction, 35. Son caractère, 39.

Sanction des lois. Par le roi en 1789 et en 1791, 185. Par le peuple en 1793, 190. Impériale, 207. Sous la restauration, 255. Après 1830, 261. Depuis 1852, 316.

Savigny (De) Opinions citées, 20, 23, 24, 25, 27, 29, 30, 43, 49.... Il publie une nouvelle édition du Petrus, 121.

Sénat (Le). En l'an VIII, 199. En l'an X, 205. Sous l'empire, 206. Rétabli en 1852, 306. Propose les plébiscistes, 308. Ses fonctions, 309. Comment il intervient dans la rédaction des lois, 316.

Sénatus-consultes (Des), 205, 308.

Séparation du pouvoir exécutif et du pouvoir législatif, 192.

Sirmondicæ formulæ, 67.

Somme rurale (La) de Jehan Bouteiller. Pourquoi ainsi
appelée, 142.

Souveraineté nationale. Non admise en 1814. 246.
Proclamée en 1830, 249. Reconnue en 1852, 318.

Strabon. Sa division des Gaules, 3.

T

Tiers Etat. Appelé aux états généraux, 96.

Thierry (Augustin). Son opinion sur les chartes et les
communes, 85.

Tourbes (Enquestes par), 150.

Tribunat (Le). Sous le consulat, 201. Ses fonctions,
202. Réduit à 50 membres, 206. Supprimé, 208.
Fait rejeter les premiers articles du code civil, 217.

Tronchet. Commissaire pour la rédaction du code civil, 246.

U

Urgence dans les projets de lois. En 1791, 186. Sous le
directoire, 194. En 1848, 279. En 1849, 293.

Ultramontaines (Les doctrines) repoussées par le clergé
de France, 179.

Uniformité des lois civiles, décrétée, 210,

V

Veto (Droit de) accordé à Louis XVI, 186. Refusé en 1848 au président de la République. Accordé au conseil d'Etat vis-à-vis du président, 300.

Votation (Modes de). A la chambre des députés après 1814, 253. A la chambre des pairs, 255. A la chambre des députés après 1830, 258. A la chambre des pairs, 260. A l'assemblée de 1848, 280. En 1849, 296. Au corps législatif depuis 1852, 315. Au sénat depuis 1852, 316.

W

Wergheld (Le), 41.

FIN DE LA TABLE ANALYTIQUE.